DAVID BROWN

SEGREDOS DE NEGOCIAÇÃO

EDITORA FUNDAMENTO

Sobre o autor

David Brown estudou Engenharia Mecânica na Universidade de Loughborough e se diplomou em Estudos da Administração pela Universidade de Aston. Tem mais de 30 anos de experiência na negociação de contratos e trabalha há 20 anos como consultor e treinador especializado na melhora do desempenho de gestão. Também é diplomado em Programação Neurolinguística, o que reforça seus conhecimentos sobre comportamentos associados à negociação. Para mais informações, visite www.scott-brown.co.uk (site em inglês).

SEGREDOS DE NEGOCIAÇÃO

Editor e edição de texto: Editora Fundamento
Capa e editoração eletrônica: TRC Comunic Design Ltda. (Marcio Luis Coraiola)
CTP e impressão: Benvenho & Cia Ltda.
Tradução: Migliacci Projetos de Comunicação Eireli (Paulo Eduardo Migliacci)

Publicado originalmente em inglês por HarperCollins *Publishers* Ltd.

Dados Internacionais de Catalogação na Publicação (CIP)
(Maria Isabel Schiavon Kirasz)

B877 Brown, David
Série Segredos Profissionais: Segredos de negociação / David Brown [versão brasileira da editora] - 1. ed. - São Paulo, SP : Editora Fundamento Educacional Ltda., 2014.

Título original: Business secrets: Negotiating secrets

1. Negociação 2. Planejamento estratégico I. Título

CDD-658.4052 (22. ed)
CDU- 658.012.63

Índice para catálogo sistemático:
1. Negociação: Administração executiva 658.4052

Fundação Biblioteca Nacional

Depósito legal na Biblioteca Nacional, conforme Decreto nº 1.825, de dezembro de 1907.

Impresso no Brasil

Telefone: (41) 3015 9700
E-mail: info@editorafundamento.com.br
Site: www.editorafundamento.com.br

Este livro foi impresso em papel pólen soft 80 g/m^2 e a capa em papel-cartão 250 g/m^2.

Sumário

Negociar de forma habilidosa melhorará sua vida

Muita gente pensa que o termo "negociar" refere-se apenas a dinheiro e a negócios. Não é o caso. Negociamos instintivamente quando crianças, em nossas famílias e comunidades, bem como nos negócios, na gestão, nas relações industriais e em todos os níveis de governo. Às vezes, negociamos sem nos darmos conta de que é isso que estamos fazendo.

Descobri a importância da negociação quando era um jovem executivo de vendas, 35 anos atrás. De lá para cá, modifiquei o quadro de orientação que uso para negociar e aprendi enquanto progredia. Estudei as melhores práticas de negociação do mundo todo, conduzi cursos e treinamentos sobre o assunto, negociei com sindicatos e trabalhei com clientes para ajudá-los a chegar a acordos com seus funcionários e seus clientes. Vi pessoas cometendo todos os erros clássicos porque não sabiam negociar efetivamente. Também vi o outro lado – os imensos benefícios que podem resultar de uma boa condução de negociações.

Este livro sintetiza toda essa experiência na forma de 50 **segredos**, apresentados em sete capítulos. Se você usar esses **segredos**, eles o ajudarão a aproveitar oportunidades, ganhar mais dinheiro, desenvolver relacionamentos e maximizar aquilo que realizará pelo resto de sua vida. Os capítulos são:

- **Saiba quando negociar.** Existem alternativas à negociação. Antes de você começar, precisa saber claramente o que entende por negociação e quais alternativas existem.
- **Estabeleça objetivos claros.** Se você sabe o que deseja alcançar no fim, está a meio caminho do sucesso.
- **Discuta as respectivas posições.** É muito mais provável que se chegue a um acordo se as duas partes compreenderem a posição uma da outra. O ponto aqui é preparar o cenário – ouvir mais do que falar antes de fazer qualquer proposta.
- **Negocie apenas em forma de pacotes.** Não é possível barganhar se você fala apenas de uma coisa. Em lugar de um diálogo, você terá uma discussão. Este capítulo mostra como chegar a um acordo por meio de trocas de pacotes.
- **Barganhar garante o sucesso.** Assim que as duas partes trocarem pacotes, será hora de barganhar (ou seja, de encontrar compromissos aceitáveis) até chegar a um acordo. O processo pode envolver diversos estágios.
- **Encontre terreno comum.** Você não quer se afastar mais e mais da outra parte. O objetivo é chegar a um acordo, a uma união. Saiba como.
- **Juntando tudo isso.** O capítulo resume os principais segredos e as ideias que os embasam. Todos eles são importantes, mas este capítulo vai ajudá-lo a decidir sobre os fatores mais importantes nas situações específicas que vier a encontrar.

Quer você esteja envolvido em compras, vendas, relações trabalhistas, disputas domésticas ou assuntos familiares, estará negociando com frequência maior do que percebe. Às vezes, você negocia com uma pessoa apenas uma vez e nunca mais a encontra. O mais frequente, todavia, é que negociemos com pessoas com as quais manteremos relacionamentos mais duradouros – portanto, desejamos que elas retornem à mesa de negociação com sentimentos positivos a nosso respeito.

Siga estes segredos para que você possa negociar com sucesso em qualquer situação.

Capítulo 1

Saiba quando negociar

Negociar funciona em forma de "toma lá, dá cá". É uma maneira de encontrarmos uma solução de compromisso e concordarmos quanto a um caminho que nos permita avançar. Este capítulo analisa de que maneira você deve decidir se a melhor opção é negociar ou utilizar outro processo, além de enfatizar a importância de se obter resultados satisfatórios para ambas as partes. Na maioria das negociações, desejamos que a outra parte se sinta confortável quanto àquilo que foi decidido, para que possamos avançar e criar um relacionamento duradouro e valioso para os dois lados.

1.1

Saiba claramente o que é negociação

Se você quer ser bom em negociação, precisa saber o que é e o que não é negociar. Não se trata de vender; é um sistema de "toma lá, dá cá" que permite que duas partes cheguem a um acordo. O ponto mais importante é encontrar uma solução que envolva compromisso.

Muitas pessoas confundem os termos "vender" e "negociar" e é provável que isso as torne más vendedoras e más negociantes. Se você vende, está persuadindo um comprador de que ele quer certa coisa. Você negocia com a pessoa e depois chega a um acordo quanto ao valor, o número de unidades desejado, o prazo de entrega do produto e os termos de pagamento. Em outras palavras, você chega a um acordo sobre – ou negocia – um pacote.

O conceito de pacotes é crucial para compreendermos a negociação. Se o único aspecto discutido é o preço, não é possível negociar. Você estará simplesmente pechinchando ou discutindo. Quando duas ou mais variáveis são introduzidas, é possível chegar a um compromisso aceitável para as duas partes.

> **Minuto de reflexão:** Se você ler o jornal de hoje, encontrará muitas reportagens que envolvem negociação. Líderes mundiais estarão negociando uns com os outros; companhias estarão negociando com seus funcionários; e as partes inimigas em uma guerra estarão – se a sorte ajudar – negociando a paz.

"O homem é um animal que faz barganhas; nenhum outro animal o faz – um cachorro não troca ossos com outro."

Adam Smith, economista escocês autor de *A Riqueza das Nações*

Para compreender plenamente o que significa negociar, é preciso levar em conta que, na maioria das situações de trabalho, não se negocia apenas uma vez com uma pessoa. Em geral, você negociará com esse indivíduo diversas vezes, talvez ao longo de muitos anos. Assim, é útil pensar na pessoa com quem negociamos como um parceiro.

Com frequência você precisa que seus parceiros encerrem cada negociação com o sentimento de que "saíram ganhando". E você, evidentemente, também quer sair vitorioso. Quando as duas partes sentem que saíram ganhando, temos uma situação de vitória dupla.

Assim, para ajudá-lo a compreender o que é uma negociação, introduzi algumas ideias centrais que serão desenvolvidas mais adiante neste livro:

- **Toma lá, dá cá:** A essência da negociação.
- **Pacotes:** A forma como você deve negociar.
- **Parceiro:** A pessoa com quem você negocia.
- **Vitória dupla:** É o resultado final que você deseja alcançar, com as duas partes satisfeitas e prontas para voltarem a fazer negócios uma com a outra.

Com sorte, você reconhecerá que essas ideias não são apenas uma forma de se chegar a um acordo comercial – elas também permitem que comunidades prosperem e que coexistamos como seres humanos.

Este livro demonstrará que você negocia com mais frequência do que percebe. E, quando perceber que é isso o que está fazendo, alcançará mais sucesso.

Antes de começar a negociar, tenha certeza de que está preparado para o "toma lá, dá cá".

1.2

Considere alternativas à negociação

Você está tentando chegar a um acordo comercial ou de relações industriais, resolver um problema ou uma disputa. Uma negociação deve ocorrer quando você necessita da concordância de alguém (e ele da sua) a uma proposta, antes que os dois lados cheguem a um acordo. Mas só devemos negociar se a negociação for a melhor maneira de atingirmos nosso objetivo.

Considere que existem muitas alternativas à negociação. E, em certas situações, elas podem gerar melhores resultados.

- **Convença.** Convença a outra parte de que aquilo que você está propondo é a melhor opção. Essa é uma estratégia de compra ou venda que pode ser usada em conexão com um aumento de preços ou uma alteração em um dos termos de um contrato. O custo monetário é zero.
- **Imponha.** Diga à outra parte o que ela deve fazer ou o que você precisa fazer (alegando que não tem outra escolha). As lojas são efetivas ao agir assim quando oferecem bens em base não negociável. Ocasionalmente, aumentos de preços ou determinadas condições de compra são apresentados como inegociáveis.
- **Instrua.** É menos severo do que a imposição, mas mesmo assim, caso opte por esse método, você estará ditando os termos.
- **Postergue.** Empurre para a frente até que as circunstâncias mudem. Um exemplo disso seria adiar aumentos ou reduções de preços

em commodities, como o petróleo ou metais, porque as condições de curto prazo são excessivamente voláteis. Você pode optar por esperar até que o mercado se acalme.

- **Deixe ao acaso.** Permita que a situação seja ditada por eventos externos, por exemplo, ao vincular um preço ao dólar ou à inflação.
- **Ceda.** Ainda que isso seja uma opção, certamente não é algo de que você vai gostar. Às vezes, governos, empresas ou indivíduos precisam ceder porque as chances de se alcançar o sucesso são praticamente nulas.
- **Resolva problemas.** Se as duas partes puderem trabalhar para resolver o mesmo problema, isso pode ser uma boa ideia. Empregadores e um sindicato podem cooperar para decidir a melhor forma de enfrentar uma crise financeira, por exemplo.
- **Utilize uma arbitragem.** Permita que uma terceira pessoa ou organização resolva o problema por vocês. Um conselho industrial, por exemplo, pode resolver uma disputa trabalhista.
- **Apele.** Confie em um apelo aos bons sentimentos alheios. Isso só é boa ideia se a outra parte tiver bons sentimentos ou se a causa não for importante para você.

Determinar se uma dessas alternativas é uma opção melhor do que a negociação depende de muitos fatores, como: você, seu chefe, as circunstâncias de seu parceiro de negociação, o mercado em que você opera, o curto prazo, o longo prazo, seus níveis de confiança e risco. Estudaremos essas opções de modo mais detalhado no Segredo 1.3 e lá você encontrará ideias sobre como decidir qual é a melhor opção para a sua realidade.

Antes de entrar em qualquer negociação, esteja ciente de que podem existir maneiras melhores de se resolver o problema.

1.3

Decida se negociar é o melhor caminho

Não há motivo para utilizar capacidades brilhantes de negociação se, antes de mais nada, você não deveria estar negociando. No Segredo 1.2, mencionamos as principais alternativas a uma negociação. Aqui consideraremos as vantagens e as desvantagens dessas abordagens.

- **Convença.** Se você for capaz de persuadir a outra parte a adotar o seu ponto de vista, não precisará negociar. Por outro lado, o processo pode demorar a vida toda. E não funcionará se houver um forte choque de interesses – se, por exemplo, a posição de seu parceiro no mercado for afetada de maneira adversa.
- **Imponha.** Isso pode economizar tempo e dinheiro, mas também pode arruinar um relacionamento em longo prazo. O parceiro pode acreditar que você deixou de pensar em vitória para os dois e que só está pensando em você.

Estudo de caso: Como executivo de vendas, eu negociava regulamente um grande contrato para fornecer produtos de alumínio a uma companhia norte-americana. Certo ano, concordamos em utilizar uma fonte de lingotes primários nos Estados Unidos como base de nossos custos. Mas nos esquecemos de considerar a possibilidade de nossos custos escaparem ao controle em função de mudanças na taxa de câmbio entre o dólar e a

- **Instrua.** É rápido, mas as pessoas gostam de ter escolha e se irritam quando alguém lhes diz como algo será feito.
- **Postergue.** Boa ideia se é provável que o problema vá desaparecer ou se você acredita que as condições mudarão em seu favor. Má ideia se as condições mudarem para pior.
- **Deixe ao acaso.** Boa ideia se parecer justo. Má ideia se uma das partes sair prejudicada a ponto de o acordo fracassar.
- **Ceda.** Boa ideia se você não tem qualquer outra escolha, já que o resultado acontecerá de qualquer modo. Má ideia se destruir sua credibilidade ou prejudicá-lo em longo prazo.
- **Resolva problemas.** Boa ideia se as duas partes podem trabalhar juntas no mesmo problema. Má ideia se ambas as partes têm agendas fortemente diferentes.
- **Utilize uma arbitragem.** Boa ideia se as duas partes aceitarem o resultado. Má ideia se uma delas ficar insatisfeita com a decisão do árbitro.
- **Apele.** Isso mostra seu lado conciliador e responsável. Mas o deixa à mercê de terceiros e pode fazer com que pareça fraco.

Depois que ponderarmos essas opções e decidirmos que negociar é de fato o melhor caminho, podemos nos concentrar nas técnicas que lhe permitirão negociar com sucesso.

Considere as vantagens e as desvantagens das alternativas à negociação antes de começar a negociar.

libra. Arriscamos ao acreditar que não haveria grandes variações na taxa de câmbio. Meses depois, uma imensa variação ocorreu e nosso acordo negociado com tanto esforço entrou em risco – porque havíamos deixado ao acaso um aspecto importante. Depois disso, aprendemos a incluir limites para as flutuações do câmbio em todos os contratos e negociamos um mecanismo que vigoraria caso esses limites viessem a ser excedidos.

1.4

Saiba com quem você está lidando

Determinar se tentaremos impor uma decisão a alguém, manter a flexibilidade ou negociar é um processo que depende tanto da outra parte quanto de nós mesmos. Se você deseja o sucesso, então sua decisão deve depender em larga medida das pessoas com quem está lidando.

Eis alguns dos fatores relacionados à outra parte que, ao negociar, devemos levar em consideração:

- **Expectativas.** Quais são as expectativas do outro lado? Por que essas expectativas existem?
- **Comportamento.** Como eles esperam que você se comporte? Como se comportarão? São naturalmente agressivos ou conciliadores? Farão exigências extremas ou serão mais razoáveis? Reagirão de maneira lógica ou esperarão que você se comporte de determinada

Estudo de caso: Eu costumava negociar regularmente com uma família indiana que ocupava posição importante no setor europeu de alumínio. Não importa com qual membro da família estivesse negociando, eu sempre precisava ter em mente que eles exageravam os volumes que pretendiam comprar, a fim de obter o melhor preço. Falavam muito, mas compravam bem menos. Tive que desenvolver uma estratégia para lidar com

maneira porque foi assim que se comportou no passado? Se você mudar subitamente de comportamento, como eles reagirão? Isso aumenta ou diminui a chance de um acordo?

- **Cultura.** De que cultura vêm os parceiros? Retornaremos a esse aspecto no Segredo 1.6 e mais adiante – porque entender as origens da outra parte é um aspecto vital para se compreender o que será atraente para ela e o que causará rejeição. Essa será a diferença entre sucesso e fracasso.
- **Preferências.** Eles terão preferência por negociar individualmente ou virão com uma equipe? A outra parte vê o mundo de modo positivo ou negativo? É otimista ou pessimista? Concentra-se no quadro geral ou nos detalhes?
- **Pressões.** Mesmo que o negociador da outra parte compareça sozinho, será que o chefe exerceu pressão para que ele obtenha um determinado resultado? Se existem pressões como essa sobre a outra parte, elas influenciarão a negociação e, portanto, precisam ser levadas em conta.
- **Opções.** Até que ponto você é importante para eles? Até que ponto é importante para eles chegar a um acordo? Caso não haja acordo, qual seria a melhor alternativa para a outra parte?

Compreenda com quem está lidando e encare os parceiros e a situação deles com sensibilidade.

isso. Uma tática que experimentei foi a de retornar à estaca zero com um novo pacote que levava em conta o volume reduzido. Mas não encontrei boa receptividade. Em vez disso, tive que me certificar de que as concessões que faria quanto a especificações e preços continuariam a ser aceitáveis para mim quando o volume encomendado inevitavelmente viesse a cair. E procurei incluir esse cálculo já no primeiro pacote.

1.5

Procure resultados bons para ambas as partes

Quer você seja um comprador, um vendedor ou trabalhe com relações industriais, com frequência terá que negociar com as mesmas pessoas. Portanto, é importante desenvolver com esses indivíduos um relacionamento que os leve a desejar fazer negócios com você novamente. As duas partes querem sentir que chegaram a um bom acordo. É um sentimento que chamamos de "vitória dupla".

Vamos levar em conta os desfechos, ou seja, os resultados finais de uma negociação. É crucial conhecer seus objetivos (em outras palavras, saber como você deseja que o processo termine) antes de dar o primeiro passo. Existem quatro possíveis desfechos para qualquer negociação:

1 **Não foi possível chegar a um acordo.** Nesse caso, é apropriado que os negociadores concordem em abandonar a diálogo, porque simplesmente não há como chegar a um acordo.

---

2 **Dupla derrota.** Quando as duas partes se recusam a chegar a um acordo, mesmo que fazê-lo interesse a ambas. Nenhum dos lados alcança seus objetivos ou soluções para seus problemas. Isso conduz a uma completa desilusão e frustração quanto ao processo

"Comece tendo o fim em mente."

Stephen Covey, autor de *Os 7 Hábitos das Pessoas Altamente Eficazes*

de negociações e acarreta o risco de estragar relacionamentos duradouros em virtude da perda de respeito e confiança. Quando ambas as partes refletirem, depois do fracasso, é provável que vejam o ocorrido como uma oportunidade perdida e que não tenham motivo para se orgulhar de seu comportamento.

3 **Um ganha, o outro perde.** Quando o movimento é quase totalmente unilateral. O lado que não se mexeu "ganha", e o lado que precisou realizar todo o movimento "perde". Em uma situação de vitória unilateral, os indivíduos envolvidos costumam estar mais interessados na vitória e menos interessados no relacionamento. Esforço demais é dispensado para se atingir objetivos de curto e não de longo prazo. O que surge é uma atitude de "nós aqui, eles lá" e o relacionamento de longo prazo entre as partes passa a correr risco.

4 **Os dois lados ganham.** Um negociador experiente trabalha para promover movimento em mão dupla e de uma forma que seja vista de maneira justa entre as partes. O movimento tem por objetivo superar os obstáculos que as separam. Durante a negociação, são desenvolvidos canais para comunicação bilateral e eles continuam abertos no futuro. Com ênfase em flexibilidade, surgem propostas de soluções que permitem que ambas as partes atinjam seus objetivos. Chega-se a decisões satisfatórias, e o relacionamento em longo prazo se beneficia. Existe uma percepção de que os dois lados demonstraram movimento em grau razoável, o que constitui a corrente sanguínea de uma negociação. Quando o encontro chega ao fim, existe um espírito de parceria e as duas partes se esforçam para que o acordo funcione.

Se você deseja voltar a fazer negócios com alguém no futuro, procure vitória para os dois lados em toda negociação.

1.6

Aprenda a lidar com culturas diferentes

Eu definiria "cultura" como "a maneira como fazemos as coisas por aqui". Mas o que significa "por aqui"? "Por aqui" é qualquer lugar (do planeta) onde você está fazendo negócios. Para obter sucesso como negociador, é preciso saber um pouco sobre as origens da outra parte.

É muito perigoso generalizar quanto ao assunto cultura – e seria justo dizer que o número de culturas é tão grande quanto o de indivíduos. O importante é estar preparado para que os outros pensem e se comportem diferentemente de você. O conselho habitual para negociar com os japoneses é ser muito, muito paciente. Mas cultura alguma é completamente previsível – portanto, não se surpreenda caso venha a encontrar japoneses que esperam que você aja de forma muito rápida!

Tampouco se podem fazer generalizações quanto às diferenças entre os sexos. Quando homens negociam com mulheres, há quem con-

Estudo de caso: Os japoneses adotam uma abordagem de negociação muito especial. Muitas vezes é bastante difícil interpretá-los (assim como é difícil interpretar bons jogadores de pôquer) e eles frequentemente precisam da aprovação de colegas para questões cruciais. Negociei com agentes japoneses volumes consideráveis de chapas de alumínio para a fabricação de contêineres de frete. Como negociadores, eles não são agressivos, mas firmes

"Se você negocia com clientes japoneses, faça perguntas. E quando acha que compreendeu, faça mais perguntas."

John L. Graham, professor de administração de empresas, Universidade da Califórnia

sidere que a melhor opção é adotar uma abordagem mais delicada, mas muitas mulheres fazem objeção a esse tipo de condescendência. Algumas querem provar que são melhores que os homens, por isso podem se mostrar tão combativas quanto qualquer indivíduo do sexo masculino.

Algumas empresas têm reputação de agressividade em tudo que fazem – nas contratações, nas compras e nas vendas. Caso você negocie com uma delas, deverá ajustar sua tática às estratégias que essas companhias utilizam – por exemplo, lançando uma primeira proposta agressiva. Outras empresas com as quais você negociará adotam abordagens que envolvem uma preocupação maior em respeitar os direitos de seus funcionários ou fornecedores. Você precisa saber com quem está lidando!

O comportamento de seu parceiro de negociação pode diferir muito do seu – portanto, esteja preparado para isso.

e pacientes. A abordagem japonesa específica que eu gostaria de revelar a vocês é a tendência de retomar inúmeras vezes o debate do mesmo ponto. Certa vez, às 18 horas, estávamos perto de um acordo final. Já tínhamos negociado vigorosamente por três horas. Mas eu deveria ter imaginado, quando eles pediram para "olhar de novo aquela especificação", que para chegarmos ao acordo final seriam necessárias mais quatro horas.

Capítulo 2

Estabeleça objetivos claros

A velha máxima de que "a boa preparação evita o mau desempenho" é tão crucial na negociação quanto em apresentações, visitas de vendas e outras áreas dos negócios. Este capítulo oferece um quadro básico de preparação que lhe permitirá definir objetivos, antecipar a abordagem a ser adotada pela outra parte e desenvolver sua estratégia e sua tática. Com essa preparação, você terá muito mais chance de chegar a um acordo satisfatório para ambos os lados.

2.1

Planeje sua abordagem

Uma compreensão clara de seus objetivos é essencial ao negociar. Você deve estar preparado para propor um pacote desafiador, mas plausível. A preparação deve ser concluída com a decisão sobre sua lista de "resultados desejáveis", que será usada para definir a base de sua primeira proposta. Siga os seguintes passos para se preparar:

1 Faça uma lista dos itens que você pode aceitar e daqueles em que poderá fazer concessões. Eles formam suas variáveis de negociação. Se você pode aceitar ou fazer concessões com relação a alguma coisa, defina-a como variável.

---

2 Para cada variável, use seu ponto de vista e faça uma lista de resultados "desejáveis" (o melhor que você pode esperar), "prováveis" (os que têm mais chance de se tornarem realidade) e "indesejáveis" (piores do que você gostaria de obter).

---

3 Atribua um valor à diferença entre "desejável" e "indesejável". Dessa forma, você terá identificado, a partir do seu ponto de vista, os itens mais valiosos. Preço e volume são valores óbvios, mas às vezes é mais difícil atribuir valor a uma variável.

---

4 Faça uma lista das coisas com relação às quais não está preparado para fazer ou aceitar concessões. Na prática, isso significa dizer que elas são inegociáveis.

5 Adotando o ponto de vista da outra parte, analiase tudo o que você fez até o momento. Pergunte-se o que está sendo buscado em cada variável – e quais variáveis estão sendo consideradas.

6 Analise os pontos em que haverá áreas de acordo e aqueles em que haverá desacordo. Se seu parceiro deseja negociar aspectos que você considera inegociáveis, pode ser difícil chegar a um resultado.

7 Tendo ponderado sobre a situação, você deve estar preparado para propor seu primeiro pacote (ver capítulo 4) na forma de um conjunto de objetivos "desejáveis", ainda que a discussão (capítulo 3) possa levá-lo a modificar sua proposta inicial.

Exemplo de variáveis de negociação

A tabela mostra que forma teria a venda de uma empresa familiar de acordo com o modelo descrito. Sua preparação sempre lhe oferecerá o máximo de sustentação quando você puder resumi-la em uma tabela em cinco colunas como esta:

Variável de negociação	*Desejável*	*Provável*	*Indesejável*	*Diferença provável entre desejável e indesejável*
Preço básico (para 100%)	5,1 milhões de libras	4,7 milhões de libras	4,5 milhões de libras	600 mil libras
Manter participação familiar	30%	20%	10%	1 milhão de libras
Manter diretores	Pai = presidente Filho = diretor de produção	Pai se aposenta Filho = diretor de produção	Os dois se afastam	Orgulho e/ou remuneração
Pagar diretores	Dois anos a 30 mil libras anuais	Um ano a 30 mil libras anuais	Nada	120 mil libras
Manter pessoal	Manter o quadro por seis meses	Aviso prévio de três meses	Aviso prévio de três meses	Lealdade
Termos de pagamento	100% à vista	50% de entrada e 50 % em dois meses	100 % em dois meses	Segurança e juros

Prepare uma lista detalhada de variáveis e avalie sua importância para as duas partes.

2.2

Antecipe a abordagem da outra parte

Em sua preparação, é importante considerar a provável reação da outra parte (seu parceiro de negociação). Você precisa demonstrar compreensão – ou, em outras palavras, colocar-se no lugar da outra pessoa.

Você não está negociando no vácuo. Você tem que chegar a um acordo com outras pessoas que têm os próprios objetivos, problemas e emoções! Veja alguns pontos a serem considerados.

- **Prioridades.** O que importa é o que tem maior valor para eles. Ou seja, é importante ter consciência da distância entre "desejável" e "indesejável". Não há como estar certo disso até que a discussão seja efetivamente estabelecida, mas você pode avaliar a importância relativa de cada ponto considerando o ponto de vista da outra parte.
- **Necessidades.** Você precisa considerar o que eles querem e o que você quer. Esse aspecto é crucial em uma negociação porque você troca ou cede algo que tem para satisfazer as necessidades da outra parte.

Estudo de caso: Um comprador está negociando a aquisição de uma série de componentes para máquinas. A posição do comprador é a seguinte: o melhor preço seria de 6,44 libras por peça; o pior seria de 7,37 libras por peça. Para o vendedor, o melhor preço seria 7,80 libras e o pior seria 6,80 libras. Em algum ponto entre esses limites de "desejável" e "indesejável"

"Se você quer caminhar com os sapatos de outra pessoa, precisa tirar os seus primeiro."

Mark Twain, escritor norte-americano

■ **Pressões.** A outra parte sofre alguma pressão séria – algo que restrinja sua capacidade de se movimentar e ser flexível? Se esse for o caso, é necessário compreender o aspecto e discuti-lo de forma aberta para ajudar o outro lado a compreender por que isso representa uma barreira para ambos. (Em muitos casos, empresas fazem dos termos de crédito um ponto inegociável. Isso pode ser um verdadeiro obstáculo a um acordo, e conseguir flexibilidade quanto a esse fator não precisa custar caro.)

■ **Comportamento.** Com relação a cada aspecto da negociação, sempre pergunte a si mesmo: "como eu deveria me comportar?" e "como eles se comportarão?" Somente depois de considerar esse aspecto, é possível decidir com seriedade se o seu pacote "desejável" é o ponto de partida apropriado. E só assim você estará pronto para o pacote "desejável" da outra parte.

Quando se preparar, coloque-se no lugar da outra parte, além de considerar sua própria posição.

existe o potencial de um acordo aceitável para ambas as partes. A área de sobreposição envolve preços entre 6,80 libras e 7,37 libras. Se não houver sobreposição ou algum outro aspecto (por exemplo, termos de pagamento), poderá haver discordância – o que tornaria um acordo impossível. Isso só pode ser resolvido se uma das partes demonstrar flexibilidade.

2.3

Use um quadro de orientação como base

Depois de se preparar (Segredo 2.1), você terá um quadro de orientação que o informa quantas variáveis estão em jogo – ou seja, o número de itens sobre os quais você pode fazer e aceitar concessões. Também será possível ter ideia de que itens serão mais importantes para você e para a outra parte.

Use seu quadro de orientação ao longo de toda a negociação. Isso lhe permite manter controle sobre os resultados. Eis algumas maneiras de fazê-lo:

1 Concentre as discussões iniciais nas variáveis sobre as quais será mais difícil chegar a um acordo. Essa postura estabelece um tom construtivo, mas não significa que você deva fechar um acordo com base em apenas um ou dois itens (ver Segredo 4.5).

Estudo de caso: Ajudei em uma negociação que envolvia oferecer estoques de ventiladores em consignação para um cliente que produz condicionadores de ar. (Estoques em consignação são um mecanismo de proteção; em geral o produto fica armazenado nas instalações do cliente, mas a venda só é faturada caso ele os utilize.) À primeira vista, as variáveis sobre as quais podíamos fazer e aceitar concessões estavam ligadas aos modelos de ventiladores, à quantidade

2 Você identificou as variáveis mais valiosas. Use o quadro de orientação para calcular o valor de qualquer concessão que possa vir a fazer.

3 Utilize o quadro de orientação para comparar o custo de concessões em uma variável ao custo de concessões em outra área.

4 Use o quadro de orientação para decidir se você deve adiar a discussão sobre qualquer uma de suas variáveis. Em outras palavras, postergue a discussão de um item e o utilize como uma de suas cartas finais quando chegar a hora de uma nova reunião para fechar o acordo.

5 Ao negociar, esteja preparado para usar o quadro de orientação a fim de reavaliar quais variáveis são mais importantes para o seu parceiro de negociação. Lembre-se de que você quer voltar a fazer negócios com ele.

6 Esteja pronto para usar o quadro de orientação a fim de avaliar o valor de qualquer nova variável que surja ao longo do processo de negociação.

Não deixe sua preparação em casa! Ao longo da negociação, atualize o quadro de orientação que você preparou.

envolvida, ao preço e aos termos de pagamento. Mas, à medida que nossa preparação avançava, identificamos novas variáveis: duração do contrato, arranjos quanto à obsolescência e descarte do estoque, transporte, mudanças cambiais, custos de seguro, propriedade dos bens e formas de controlar danos. Depois de considerar o valor de cada uma dessas variáveis, fomos capazes de negociar com confiança.

2.4

Decida quais são as questões mais importantes

Já consideramos a importância da preparação e de a utilizar para chegar a uma conclusão bem-sucedida. Agora você precisa ter de forma muito clara o que é importante para você e para a outra parte.

O estudo de caso abaixo ilustra de que maneira a importância de uma questão pode ser avaliada – e reavaliada. O ponto crucial da negociação envolve compreender que um "princípio" que inicialmente parece tão importante a ponto de ser inegociável às vezes não tem tanta importância assim.

Eis alguns princípios gerais que você deve considerar ao ponderar a importância das questões envolvidas em uma negociação:

- O que importa para você pode não importar para eles.

Estudo de caso: Um fornecedor de balanças britânico queria expandir seus negócios na França com um novo sistema, destinado a padarias. Entrou em negociação com um agente que queria direitos exclusivos de venda do produto no mercado francês. A exclusividade era importante para o agente. Infelizmente, o presidente da companhia britânica sempre recusava considerar a concessão exclusiva de direitos de qualquer produto. Para ele, essa era uma questão de

"Só homens livres podem negociar. Prisioneiros não podem fazer contratos. Não existe distinção entre a sua liberdade e a minha."

Nelson Mandela, quando estava preso

- O que importa para eles pode não importar para você.
- Se você quer uma chance real de alcançar a vitória para os dois lados, antes de e durante qualquer negociação é preciso se colocar no lugar da outra parte. Considere o melhor local, a melhor data e o melhor ambiente.
- Se algo é claramente importante para a outra parte, tenha em mente que esse fator passa a ser importante também para você – afinal, esse fator pode ajudá-lo a chegar a um acordo com os parceiros.

Reconheça o que é mais importante para ambas as partes, porque isso ditará o curso da negociação.

princípio. A companhia britânica não tinha estrutura para vender diretamente às padarias francesas, por isso um impasse surgiu. Com a ajuda do executivo de vendas, o bom senso prevaleceu. O presidente foi convencido de que o que era "importante" para ele na verdade não tinha importância alguma. O agente recebeu exclusividade por três anos, com base em gerar resultados específicos de vendas, e as duas partes se beneficiaram com o relacionamento.

2.5

Conheça os papéis de sua equipe

Às vezes, você negocia de pessoa pra pessoa. Em outras ocasiões, é parte de uma equipe – e, neste último caso, todos os integrantes precisam conhecer com clareza os papéis que devem desempenhar. Se isso não acontecer, a confusão pode custar caro. No mínimo, custará dinheiro, mas pode também colocar em risco o sucesso do acordo.

Mark McCormack, fundador da IMG – um império mundial de relações públicas que administra a promoção de muitos dos atletas mais conhecidos do planeta – preferia negociações de pessoa pra pessoa. Ele acreditava que, nos casos em que a outra parte é representada por mais de um negociador, os egos da equipe podem atrapalhar e dificultar um acordo. O argumento é válido e McCormack não só era dono de sua empresa, como também um ótimo negociador pessoal.

Mas existe outro lado nesse argumento. Se as duas equipes estiverem igualmente bem preparadas, se seus integrantes respeitarem as funções pré-definidas e se tiverem boa liderança, competência de resumir e boa capacidade de observação, então eles podem aumentar as chances de sucesso. Muitas vezes vi equipes de três ou mais pessoas trabalhando juntas e bem, buscando ganhar tempo para que um colega reflita e para criarem opções criativas que romperam impasses e conduziram a um acordo.

Sendo assim, quais são os papéis de uma equipe de negociação?

Líder

- Não é necessariamente a pessoa de cargo mais alto.
- Conduz a negociação.
- Troca concessões, faz propostas, pede pausas.
- Só o líder sabe qual é a próxima cartada, por isso só ele deve liderar.

Encarregado dos resumos

- Resume a situação periodicamente.
- Faz perguntas para esclarecer aspectos que passariam despercebidos.
- Faz perguntas para esclarecer pontos duvidosos.
- Ganha tempo para o líder.
- Jamais assume a liderança.

Observador

- Observa, ouve e registra.
- Avalia a negociação.
- Fala somente durante as pausas.
- Pode oferecer uma visão objetiva.

Se você estiver negociando sozinho, de pessoa para pessoa, desempenhará os três papéis – mas não todos ao mesmo tempo! É importante que você compreenda quando está liderando, quando está resumindo e quando deve se afastar um pouco da negociação para avaliar o quadro geral e formar opiniões objetivas sobre o que está acontecendo.

Decida se sua equipe envolverá mais de uma pessoa e, se esse for o caso, garanta que cada integrante se atenha ao seu papel.

2.6

Planeje suas táticas

Você pensou sobre a negociação em que está prestes a se envolver, enxergando a situação do seu ponto de vista e do ponto de vista da outra parte. O componente final da preparação é considerar suas táticas.

Você tem muitas ideias, mas como as usará para obter controle sobre a negociação? Aqui vão algumas dicas:

1 Decida se você deve ser ríspido e objetivo ou tranquilo e informal. Tenha preparada uma pergunta polida para abrir a conversa, por exemplo: "como estão os negócios?" ou "como vai a família?"

---

2 Decida se prefere iniciar com um item sobre o qual será fácil chegar a um acordo ou se vai começar por uma questão difícil.

---

3 Como você vai usar as variáveis de negociação identificadas? Quais delas usará na abertura? Quais têm mais probabilidade de estar em seu pacote inicial? Quais você manterá reservadas?

> **Estudo de caso:** Negociei muitas vezes com Fred, um grande comprador de alumínio. Ele não revelava muito o seu jogo e tinha muita dificuldade para tomar decisões (por medo de que estivessem erradas). Em geral, negociava com uma equipe de três pessoas. Minha tática era sempre conversar durante tempo suficiente – de quatro a seis horas, em geral – para que ele se sentisse confortável diante dos colegas.

"O tempo dedicado a reconhecimento jamais é desperdiçado."

Duque de Wellington, general britânico

4 Decida quanto tempo você acha que a fase de discussão deve demorar. Calcule o ritmo de suas concessões com base nisso.

---

5 Quem fala primeiro? Fred (ver o estudo de caso abaixo) sempre preferia que eu fosse o primeiro a colocar minhas ideias na mesa.

Como você vai conduzir o jogo? Em geral, é fácil: seu parceiro de negociação dita a resposta. Se ele gosta de discutir longamente, opte por uma conversa mais demorada. Se gosta de falar da família, comece pela família. Há limites para isso, e você precisa decidir quando é hora de avançar. Caso tenha curiosidade sobre a opinião da outra parte quanto a alguma coisa, escreva para a pessoa e descubra a resposta antes da reunião.

Use seu conhecimento sobre a outra parte para decidir a tática certa a ser adotada.

Além disso, eu jamais recorria a surpresas desagradáveis. Em algumas ocasiões, escrevia para ele antes da reunião, pedindo opinião sobre preços, volumes e a divisão provável de materiais. Responder a essas perguntas lhe dava a chance de pensar no assunto com antecedência e me oferecia informações úteis para refinar minhas táticas – que incluíam levar comigo, como apoio, o presidente da minha empresa.

Capítulo 3

Discuta as respectivas posições

Chegou a hora da reunião. Depois das amenidades iniciais, os dois lados precisam apresentar suas posições de abertura e compreender a situação um do outro. Este capítulo vai tratar das capacidades de questionamento (como escutar, usar números que reforcem seus argumentos e a constante necessidade de reavaliar sua posição). Discutir as esperanças e as expectativas de cada parte ditará o tom da negociação. A compreensão mútua é a base que deve conduzir a um acordo satisfatório no final.

3.1

Permita que as duas partes preparem o cenário

Os preparativos estão concluídos e a negociação começa com o estágio de discussão. É uma fase crucial se desejamos que o momento de barganhar, que virá adiante, seja concluído com um acordo.

Os segredos para se obter o melhor do estágio de discussão são:

1 Crie, de acordo com a situação, uma atmosfera relaxada, conversando amenidades e trocando gentilezas.

2 Avance para a discussão dos fatores que serão importantes. Estamos falando das bases para as variáveis de negociação. Não se trata de propostas, apenas das bases.

Estudo de caso: A importância do estágio de discussão pode ser demonstrada por uma negociação que realizei com o presidente e o diretor de recursos humanos de uma empresa britânica sob controle alemão. Eu sabia que o presidente era um homem difícil de lidar – cauteloso e determinado a revelar o mínimo possível de informações. Estávamos debatendo um contrato relacionado a um sistema de avaliação de desempe-

3 Esclareça a posição das duas partes, gerando uma atmosfera de confiança e lealdade. Se puder, descubra o que o outro lado pensa antes de oferecer seu ponto de vista – assim você pode alterar sua opinião, caso isso seja necessário.

4 Faça perguntas para que possa compreender as "necessidades" da outra parte e a atitude deles quanto à negociação. É preciso reunir o máximo possível de informações sobre os objetivos, as determinações, os medos e as prioridades de seu parceiro.

5 Ouça mais do que fala. Não interrompa. Assim você obtém informações valiosas que lhe permitirão controlar o acordo.

6 Identifique o terreno comum e as possíveis áreas de discordância, mas seja discreto. Não permita que a discussão se transforme em uma contenda destrutiva – afinal, recuperar-se disso pode tomar muito tempo.

7 Resuma a discussão. Não pense em fazer uma proposta antes de entender claramente o que a outra parte deseja – ou seja, antes de se informar sobre as variáveis de negociação dela.

O estágio de discussão precisa ser conduzido do modo certo: ele dita o tom para toda a negociação.

nho de executivos e à gestão terceirizada de um programa de desenvolvimento de executivos e treinamento de vendas. Ao final de um amplo debate sobre filosofias, abordagens e detalhes, o presidente disse ao seu diretor de recursos humanos que "hoje eu conheci um lado de David Brown que jamais havia visto". A discussão foi excelente, e eu sabia que tínhamos conquistado o contrato antes mesmo de trocarmos propostas.

3.2

Compreenda o ponto de vista da outra parte

Enfatizamos a importância de enxergarmos a situação pelos olhos da outra parte. Não há como chegar a um acordo sozinho – é necessária a participação da outra parte para que isso ocorra. Portanto, consideremos algumas maneiras de trabalhar com e por intermédio de outras pessoas:

Estas dicas abordam negociações bem-sucedidas e também podem ser aplicadas ao sucesso na liderança, administração, compras, vendas. Na verdade, o sucesso de qualquer coisa que envolva trabalhar com outras pessoas.

■ **Empatia.** Saiba o que é empatia. O termo pode ser definido como "capacidade de ver as coisas pelos olhos dos outros". Em outras palavras, trata-se de entrar no mundo do outro. Seja a outra pessoa. Garanta que o horário e o ambiente da reunião sejam adequados para os dois lados.

"As pessoas de sucesso influenciam as emoções, e não apenas o pensamento!"

John Kotter, professor da escola de administração de empresas da Universidade Harvard

Minuto de reflexão: Não se apegue demais à lógica e ao pensamento racional. Precisamos aceitar que os sentimentos das outras pessoas muitas vezes as levam a fazer coisas ilógicas. Para chegarmos a acordos, precisamos permitir que elas ajam conforme seus sentimentos, além de usar esses sentimentos para avançar rumo a uma conclusão produtiva.

- **Emoções.** Compreenda a importância das emoções. Em *The Heart of Change*, John Kotter explica que, em geral, nossa expectativa é a de que as pessoas tomem decisões baseadas na lógica. Infelizmente, ele afirma, muitas vezes as pessoas chegam às suas conclusões com base na emoção. Deveríamos levar esse fator em conta e considerá-lo em nossas negociações.

- **Sentimentos.** "Ouça" seus sentimentos. Outra forma de encarar a ideia de Kotter é dizer que com frequência consideramos tarefas, depois processos e, por fim, talvez os sentimentos. Mas o comportamento de seu parceiro de negociação é muitas vezes conduzido pelo sentimento. Portanto, tente observar primeiro esses sentimentos, depois o processo e, por último, o trabalho em questão. Assim como os fatos, os sentimentos também têm importância.

- **Interesses.** Descubra e explore interesses mútuos. Se o intuito é alcançar um acordo, aproveite os fatores importantes para as duas partes.

Reconheça que os seus sentimentos e os sentimentos da outra parte importam tanto quanto a lógica.

3.3

Exponha claramente sua posição inicial

Vocês já passaram pela discussão. Já conversaram sobre aquilo que cerca os diversos itens que formam sua lista de objetivos e explicaram a importância de cada um desses itens. Agora é importante apresentar um resumo daquilo que importa para você. Isso deixará claro para o seu parceiro de negociação qual é a sua posição. Não se trata ainda de uma proposta, mas de uma vista aérea que colocará a negociação no caminho certo.

Aquilo que constará de sua posição inicial depende de seus objetivos, dos objetivos de seu parceiro de negociação e da discussão que vocês acabam de conduzir. Apresentaremos alguns exemplos daquilo que você pode incluir em sua posição de abertura, caso seja um comprador ou vendedor. Você pode lançar mão das sete afirmações a seguir, ou da maioria delas, ao preparar o terreno expondo sua posição inicial.

Estudo de caso: Alguns meses depois de assumir a presidência, Barack Obama deu início a negociações importantes para todos os americanos, envolvendo o presidente palestino Mahmoud Abbas e o primeiro-ministro israelense Benjamin Netanyahu. Muita gente tentou intermediar a paz antes dele, mas Obama recomeçou do zero ao definir claramente

Não se trata ainda de propostas ou pacotes, mas servirá para informar a outra parte sobre o seu lado do processo. Se você expressar essa posição com clareza, a outra parte terá mais facilidade para compreender seu primeiro pacote, quando chegar a hora de apresentá-lo.

- "Quero proteger nosso bom relacionamento."
- "Preciso ter em mente a necessidade de proteger nossas margens de lucro."
- "Quero fechar hoje um acordo que permitirá que nós dois tenhamos sucesso por todo o ano."
- "Planejo apoiar sua nova iniciativa no mercado indiano."
- "Preciso ter em mente a necessidade de concluir hoje um acordo que não venha perturbar o mercado em que ambos operamos."
- "Preciso comprar em termos suficientemente competitivos para que nossas equipes de vendas possam comercializar esse produto."
- "Preciso fechar um acordo com você sobre uma especificação que permita aos meus colegas compradores obter produtos de fontes alternativas."

Defina claramente sua posição inicial levando em conta o resultado final que procura.

sua posição inicial. Ele afirmou: "Os palestinos têm direito a um Estado próprio, e os israelenses têm direito a existir como Estado. Além disso, a construção de assentamentos na Cisjordânia precisa parar." Ainda há um longo caminho a ser percorrido – mas nossa esperança é a de que uma paz negociada seja o resultado.

3.4

Faça muitas perguntas

Fazer as perguntas certas é essencial para destravar uma negociação e compreender tudo que você precisa saber a fim de chegar a um acordo.

A citação de Kipling, na próxima página, costuma ser a mais usada no treinamento de executivos, vendedores e negociadores. Kipling foi jornalista antes de se tornar escritor e poeta e afirma que fazer perguntas nos permite realizar bem o nosso trabalho. Consideremos alguns aspectos básicos quanto a fazer boas perguntas e alguns exemplos práticos de como fazê-las.

- **Faça perguntas abertas.** Perguntas abertas convencem as pessoas a falarem e fornecerem a informação de que você precisa. "O que importa mais para você?" costuma oferecer uma resposta com muito mais informações do que "isso é importante?"
- **Faça uma pergunta de cada vez.** Evite perguntas múltiplas. Se você lançar mais de uma pergunta por vez, a outra parte pode acabar

Estudo de caso: Eis um estudo de caso diferente. Na próxima vez em que vir ou ouvir uma entrevista na TV ou no rádio, perceba que o entrevistador que se sai bem não faz múltiplas perguntas ou perguntas fechadas. Perguntas fechadas com frequência resultam em pausas desagradáveis durante uma

"Tenho seis ajudantes honestos, que me ensinaram tudo o que sei. Seus nomes são O que, Por que, Quando, Como, Onde e Quem."

Rudyard Kipling, poeta e romancista britânico

se confundindo e você fica sem saber a qual questionamento ela está respondendo. "Como você se sente sobre isso? A ideia lhe interessa?" costuma conduzir a um "sim" ou "não" como resposta. O melhor é lançar uma questão de cada vez e ouvir atentamente a resposta.

■ **Quando fazer perguntas fechadas.** Use perguntas fechadas para avaliar o progresso ou determinar se as duas partes estão de acordo. "Você concorda quanto a isso?" pode bem resultar em um "sim" ou "não", mas ajuda a compreender em que posição você está e qual a próxima pergunta a fazer. "Por quê?" pode ser seu próximo questionamento – se realmente desejar compreender a resposta recebida. Em outras palavras, o "por quê?" pode revelar mais do que a resposta à sua pergunta original.

Boas perguntas ajudam a compreender o que é preciso fazer para se chegar a um acordo.

entrevista. O entrevistador habilidoso faz com que o entrevistado se expresse por meio de perguntas abertas e obtém com elas as informações interessantes de que precisa. Você deveria fazer o mesmo no curso de suas negociações – e de sua vida profissional de um modo geral.

3.5

Ouça mais do que fala

Ouvir é uma capacidade crucial. De nada adianta fazer perguntas excelentes, que podem resultar em informações valiosas, se você não escuta a resposta.

Existem dois passos para se ouvir bem. O primeiro é escutar as palavras. O segundo é compreender o que elas querem dizer. O primeiro não é ouvir, mas escutar. O segundo envolve desenvolver compreensão mútua. Ouvir bem resulta em acordo. Abaixo estão algumas dicas para você ouvir melhor:

- **Garanta que o ambiente lhe permita ouvir de modo efetivo.** A sala de reunião não pode abafar o som ou estar em local ruidoso.
- **Tenha empatia.** Compreenda aquilo que está sendo dito. Vá além das palavras que seu parceiro de negociação utiliza.
- **Concentre-se.** Esteja preparado. Evite se distrair e ignorar informações por desatenção. Tome notas. Use gestos que demonstrem que está escutando – concorde com um aceno, sorria, franza a testa, olhe o interlocutor nos olhos, incline-se na direção dele.

> **Estudo de caso:** Certa vez fui convidado a mediar uma discussão entre duas pessoas que estavam tendo problemas para trabalhar juntas e que sentiam que a presença de um terceiro poderia ajudá-las a fazer as pazes. Não demorei a perceber que existiam barreiras que as impediam de ouvir e que nenhum avanço seria conquistado naquele dia. A primeira barreira era de atitude – o executivo em questão estava pre-

"Você tem duas orelhas e uma boca. Use-as nessa proporção."

Provérbio alemão

- **Observe sinais que possam ajudá-lo.** Fique atento a mudanças de tom de voz, pausas, momentos de hesitação na fala, movimentos dos olhos, expressões faciais.
- **Mantenha a mente aberta.** Deixe de lado quaisquer preconceitos ou distorções que possam impedi-lo de ouvir.
- **Permita que a outra parte conclua.** Não interrompa.
- **Acalme-se e ouça.** Evite se encontrar ou falar ao telefone com alguém se você estiver zangado.
- **O poder do silêncio.** Jamais esqueça que uma pausa pode ter muito poder.

A maior parte do exposto acima se relaciona à sua atitude e à sua abordagem no que diz respeito a ouvir.

Se você quer ter sucesso como negociador, primeiro aprenda a ouvir.

ocupado com outras coisas (que eu conhecia, mas a segunda parte não). A segunda barreira era ambiental – havia obras ruidosas em curso em alguma parte acima de nós no edifício. Concordamos em conversar em horário e local melhores. Quando isso aconteceu, os dois lados começaram a ouvir e o relacionamento melhorou a ponto de permitir que as duas pessoas trabalhassem juntas.

3.6

Reavalie suas táticas

Até onde chegamos no estudo da negociação? Nossos preparativos foram meticulosos. Temos objetivos claros. Conduzimos uma discussão que levou as duas partes a compreenderem o que o outro lado está pensando. O próximo passo é reavaliar suas táticas à luz do que aprendeu até o momento.

Durante a fase de discussão, é preciso:

1 Verificar que novas variáveis de negociações surgiram e depois calcular os valores desejáveis/prováveis/indesejáveis para cada uma delas.

"Os sábios se adaptam às circunstâncias como a água se molda ao cântaro."

Provérbio chinês

Minuto de reflexão: Jamais presuma coisa alguma. Basta lembrar que presumir pode ser dividido em "pré-sumir" e que você não quer que a negociação desapareça. Portanto, não presuma. Reavalie constantemente suas táticas, do início ao fim de uma negociação.

2 Reavalie quais são as variáveis de negociações mais importantes para você, incluindo as novas que tenham surgido ao longo do processo.

---

3 Avalie a importância de cada variável de negociação para a outra parte. A lista de variáveis que eles utilizam é a mesma que a sua?

---

4 Se você optou por "guardar na manga" uma ou duas variáveis de negociação para uso posterior, questione se elas ainda fazem sentido. Seria boa ideia alterar suas prioridades à luz de variáveis que tenham surgido?

---

5 Faça o sugerido acima utilizando perguntas habilidosas e ouvindo as respostas cuidadosamente.

Em sua discussão inicial, esteja preparado para revisar suas táticas a fim de levar em conta novas variáveis que venham a surgir.

3.7

Use números que reforcem seu objetivo

Números são muito poderosos quando usados para sustentar seus argumentos. Podem levar a outra parte a concordar, caso ela ainda esteja hesitando.

O estudo de caso que menciono neste Segredo envolve um caso no qual fiz mais que usar números de modo "engraçado". Menti para uma pessoa que conhecia há 30 anos e ela descobriu. Felizmente, fui perdoado e prometi que jamais voltaria a fazer isso com ninguém. Não estou sugerindo que você deva mentir, mas sim que pode usar números de maneira que reforcem seu objetivo. Eu os chamo de "números engraçados" porque são enganosos, mas "números engraçados" podem influenciar seriamente uma negociação. Eis alguns exemplos de números engraçados:

- Se você for comprador de uma cadeia de lojas de roupas, poderá dizer: "Você espera que eu pague 7,20 libras por peça?" Mas seria mais

Estudo de caso: Graham era um importante comprador de alumínio. Concorria diretamente com nosso maior cliente, com o qual já tínhamos negociado um aumento de preços. Estávamos negociando o aumento que Graham aceitaria e, no curso da negociação, ele perguntou se eu havia fechado acordo para um aumento de mais de 5% com o concorrente. Para minha vergonha, respondi que sim – o que não era ver-

"Existem mentiras, mentiras deslavadas e estatísticas."

Inúmeros políticos, desde 1894

impactante argumentar que "veja, vou gastar meio milhão de libras ao ano em seus produtos, por isso quero um bom preço".

- Se você deseja ser conhecido como o maior produtor da cidade, escolha um indicador que lhe permita fazer essa afirmação. Quer se trate de faturamento, número de empregados ou área fabril, a mensagem será "somos os maiores da cidade".
- Um comprador pode lembrá-lo que gasta 150 mil libras anuais com você. Uma forma de rebater é responder que ele gasta 400 libras por dia ou alegar que "isso o coloca entre nossos 10 maiores clientes".
- Ministros do governo usam números que reforçam seus argumentos. Por exemplo, poderiam informar que a inflação é de 4,6% mas, se desejam que os cidadãos vejam números mais baixos, excluirão itens especiais como o petróleo e a habitação, que subiram por conta de tendências mundiais, e anunciam que a taxa foi de 2,1%.

Use números de forma criativa para sustentar seus argumentos.

dade. Mas não havia necessidade de mentir! Eu deveria ter contado parte da verdade ou usado um número qualquer. Poderia ter respondido que "o aumento deles foi superior a 5% nos produtos que vocês usam" (o que era verdade, mas não para todos os produtos) ou poderia ter dito que "o aumento foi superior à inflação". Na época, a inflação era de 4,3%; assim minha resposta teria sido verdadeira.

3.8

Considere custo, preço e valor

Se você deseja chegar a um acordo com a outra parte, deve oferecer a ela coisas que tenham valor. Este Segredo gira em torno de saber a diferença entre valor, custo e preço.

Estudamos um quadro de orientação para a negociação que envolve o uso, pelas partes, de listas de variáveis de negociação. Nos estágios iniciais, as listas de cada parceiro não apresentarão os mesmos fatores. No momento do acordo, todavia, elas incluirão os mesmos itens. E o acordo terá sido atingido porque ambos os lados verão valor real em cada uma das variáveis de negociação. Consideremos algumas definições e, em seguida, a importância do valor.

Estudo de caso: Um grande atacadista realizava o transporte de seus produtos em *pallets*, cujo custo era de 4,50 libras a peça. A empresa produzia milhares de *pallets* e tentou chegar a um acordo com seus clientes para cobrar 5,50 libras por cada um que não fosse devolvido. Recolher e reciclar as unidades lhe custava 3,20 libras. Portanto, o ganho que o retorno das peças propiciava ao fornecedor era de mísera 1,30 libra por unidade, e um tanto delas voltava com danos. Um cliente via as coisas de modo diferente. Ele precisava de *pallets* para o transporte de seus produtos e podia revender as

"Preço é o que você paga. Valor é o que você recebe."

Warren Buffett, investidor e empresário

■ **Custo.** Custo é simplesmente custo. Se uma empresa compra um carro por 10 mil libras, o custo é de 10 mil libras. Caso a empresa disponha de um sistema de mensuração, pode identificar o custo de qualquer coisa.

■ **Preço.** Também é simples. É o montante pelo qual um item é comprado ou vendido.

■ **Valor.** É algo mais complexo e um fator com o qual você precisa trabalhar se deseja ser um negociador eficaz. O valor é determinado pelo observador. Trata-se de uma percepção. Um comprador percebe determinado item como valioso ou não valioso. Se as suas variáveis de negociação têm muitos itens que um negociador considera valiosos para ele, sua chance de chegar a um acordo se torna muito maior.

Avalie o valor de tudo aos olhos da outra parte.

peças excedentes em seu mercado local. Por ser uma empresa pequena, não contava com recursos de produção de *pallets* e teria de pagar 8,30 libras por unidade se comprasse de um fornecedor externo. O atacadista percebeu que o argumento era sensato e abriu mão de cobrar as 5,50 libras. O cliente passou a receber *pallets* gratuitos que tinham, para ele, valor real (mais especificamente 8,30 libras a peça). Cobrar pelos *pallets* não era grande vantagem para o atacadista e fazer a concessão representava valor real aos olhos do cliente, o que facilitou um acordo em outras áreas.

3.9

Resuma antes de qualquer proposta

Antes de fazer sua primeira proposta, é preciso resumir as posições iniciais de ambas as partes e também as posições que elas vieram a alcançar depois da discussão. Isso permite que sua proposta inicial seja bem recebida.

O segredo aqui é apresentar seu caso de maneira persuasiva. Seu resumo deve deixar claro para a outra parte que, de uma forma ou de outra, interessa aos dois lados chegar a um acordo. A seguir estão alguns conselhos úteis para ajudar a persuadir com seu resumo:

1 Coloque a negociação no contexto. Resuma, por exemplo, por que é importante para ambas as partes (e para o mercado em que elas operam) chegarem a um acordo de curto ou de longo prazo.

---

2 Lembre ao seu parceiro o que é importante para ele e o que é importante para você.

---

3 Mencione alguns dos fatores sobre os quais será preciso chegar a um acordo (as variáveis) – mas guarde algumas cartas na manga.

Minuto de reflexão: Ao negociar, assim como em qualquer discussão de negócios, é crucial garantir que as informações sejam vistas dentro do contexto. Não vale a pena apresentar um argumento que você considere fabuloso se a pessoa com quem está se comunicando não o compreender. Se você deseja persuadir seu parceiro com relação a cada ponto apresentado, então existe uma necessidade constante de ajudá-lo a ver o quadro mais amplo.

4 Use com frequência palavras que denotem aproximação – como "nós", "unidos", "juntos", "somados". Lembre-se de que você não está lidando com um "oponente", mas com um parceiro em uma negociação sobre a qual os dois precisam chegar a acordo.

---

5 Reconheça que um resumo semelhante pode ser repetido de maneira igualmente útil em pontos futuros da negociação. A técnica tanto permite que você recorde o que é importante quanto oferece tempo para que desenvolva ideias criativas.

Se deseja uma aproximação com a outra parte, faça um resumo antes de dar início às propostas e ao processo de barganha.

Capítulo 4

Negocie apenas em forma de pacotes

Vocês agora estão em condição de apresentarem propostas um ao outro. Este capítulo explica como a base de todas as ofertas precisa ser um pacote – não apenas um item, mas uma coleção de itens que chamaremos por esse nome. Estudaremos o motivo que nos leva a crer que a outra parte deve apresentar o primeiro pacote. Também abordaremos formas de tornar plausível o primeiro pacote que você oferecerá. Mostraremos, ainda, dicas sobre como persuadir a outra parte oferecendo escolhas, sobre como usar linguagem persuasiva e sobre como saber o momento certo de pedir uma pausa.

4.1

Os pacotes devem ser facilmente compreendidos

Se você apresenta pacotes claramente definidos, é possível negociar tendo-os como base. É plausível ceder em alguns itens e receber concessões em outros. É importante não insistir demais em um acordo quanto a cada item isolado, mesmo que vocês os tenham discutidos por tempo considerável. Isso se aplica a qualquer variável.

Se você fecha acordos sobre um item de cada vez, não resta espaço para fazer e receber concessões. É um processo comparável ao de fatiar um salame. No Segredo 4.5, exploraremos esse conceito de modo mais detalhado. Eis alguns aspectos importantes da troca de propostas na forma de pacotes:

1 Negociar dessa forma permite que você defina claramente o que está oferecendo e que a outra parte entenda o que significa sua proposta.

---

2 O método também abre espaço para que seu parceiro de negociação faça o mesmo por você – ou seja, para que ele exponha claramente o que está propondo.

---

3 Quanto mais simples e rápida a proposta, melhor. No estudo de caso do Segredo 4.3, Derek apresenta um pacote de cinco itens. Há um exemplo de como condensar a proposta: "podemos oferecer um

Minuto de reflexão: Um aspecto das condições é que, quando você diz "se você fizer tal coisa, eu, por minha vez, farei...", está apresentando uma mensagem muito saudável. Na prática o que foi dito é que "se você estiver disposto a se mover, eu também estou".

acordo por três meses, com a especificação definida, em volume mínimo de uma tonelada por lote – e, se vocês comprarem 50 toneladas, podemos limitar o aumento de preços a 6,3%". Explique os fatores de sua proposta em voz alta! Você precisará de apenas alguns segundos.

---

4 Uma proposta não é simplesmente uma oferta. É uma oferta que envolve uma ou várias condições. No exemplo de Derek, citado acima, as condições são: "se vocês comprarem 50 toneladas" e "se aceitarem o pacote completo".

---

5 Mantenha a simplicidade. Quanto mais simples forem os seus pacotes, menos espaço haverá para incompreensão e mais provável se torna um acordo. Simplifique sempre.

---

6 Pacotes apresentados da maneira devida expõem claramente as diferenças entre as duas partes. Isso não é problema, mas sim uma estratégia que deixa evidente a necessidade de movimento para se chegar a um acordo.

---

7 Lembre-se de que você sempre pode guardar algumas variáveis de negociação na manga. Não é preciso colocar tudo na mesa desde o início. Se você tem algumas variáveis de reserva, faz sentido introduzi-las aos poucos e guardar a melhor para o fim.

Proponha pacotes, não itens isolados. E sempre inclua uma ou mais condições em cada oferta.

4.2

Permita que o outro lado ofereça o primeiro pacote

Você se preparou da melhor maneira possível e conduziu uma discussão saudável, mas não tem como saber com certeza qual é a posição inicial da outra parte. A menos que eles comecem a conversa!

É importante, por diversos motivos, que o outro lado declare primeiro aquilo que procura. Vejamos alguns desses motivos:

1 Você pode se surpreender positivamente caso o primeiro pacote da outra parte tenha aspectos melhores do que você imaginou em seus preparativos. Se você fizer a primeira proposta, não terá chance de descobrir essa vantagem.

> **Estudo de caso:** Minha equipe de vendas estava negociando suprimentos de alumínio com um fabricante de barris de cerveja de alta pressão. Havia muitas variáveis de negociação – entre as quais volume, dimensões de cada lote, prazos, especificação e, é claro, preço. Derek e eu tínhamos nos preparado juntos: ele lideraria e eu serviria como observador e responsável pelos resumos. O comprador era uma autoridade em alumínio e preços futuros – que respondiam por uma proporção imensa de seus custos. Tínhamos ima-

2 Você ficará mais confiante e otimista – afinal, chegar a um acordo será mais fácil do que imaginava.

3 Você saberá, com base na primeira proposta dos parceiros, quais são as questões cruciais para eles (a menos que estejam sendo muito espertos e as tenham guardado na manga).

4 Você pode passar por um choque se a outra parte apresentar um primeiro pacote muito agressivo. De qualquer forma, se os seus parceiros de negociação forem agressivos, quanto mais rápido você descobrir, melhor.

5 Você tem mais flexibilidade se a outra parte "chutar primeiro". Poderá ajustar suas propostas de acordo com aquilo que as proposições deles revelaram.

Se você deseja manter o controle em suas mãos, garanta que o outro lado apresente a primeira proposta.

ginado que o resultado "desejável" para nós, em termos de preço, fosse um aumento de 4,3% e que o indesejável seria aumento zero. Imagine nossa surpresa quando o pacote de abertura deles trouxe, entre outros fatores, um aumento (de preço para nós e de custo para eles) de 5%. Derek pediu uma pausa. Revisamos nosso quadro de orientação sobre valores desejáveis, prováveis e indesejáveis e fechamos um acordo que satisfez compradores e vendedores – uma verdadeira vitória dupla!

4.3

Proponha um primeiro pacote desafiador, mas plausível

É importante que seu primeiro pacote seja desafiador porque, se você não agir assim, não poderá descobrir o limite do que o outro lado está disposto a pagar – em outras palavras, não saberá o que poderia ter obtido.

O mais importante sobre o primeiro pacote é que ele efetivamente seja um pacote! Não deve ser apenas uma oferta de preço ou, se você for o comprador, apenas o compromisso de pedir determinado volume. O primeiro pacote precisa conter ao menos duas variáveis sobre as quais você está preparado para fazer e receber concessões. Assegure-se de que seu pacote seja:

- **Desafiador.** Os termos precisam ser audaciosos e demonstrar que você está falando sério, o que lhe dará mais chance de alcançar seu resultado desejável.

Estudo de caso: No Segredo 4.2, contei que Derek e eu conseguimos que o comprador propusesse o primeiro pacote. Fizemos uma pausa para reavaliar nossos resultados desejáveis, prováveis e indesejáveis. Quando retomamos a negociação, Derek apresentou um pacote que incluía o volume que esperávamos, as dimensões dos lotes, as especificações, um prazo trimestral e um aumento de preços de 6,3% – pedindo, com confiança, 2% a mais do

- **Desejável.** Você decidiu quanto a isso ao se preparar. A discussão pode tê-lo levado a modificar seu resultado "desejável" – tornando-o mais ou menos audacioso. Comece com a posição mais recente que você desenvolveu sobre resultados desejáveis.
- **Plausível.** Se sua primeira proposta for ridiculamente agressiva, o outro lado pode reagir mal. E convencer a outra parte a voltar a adotar um comportamento razoável pode demorar demais. Um primeiro pacote plausível determina o tom da negociação. Nota: se a oferta de seu parceiro de negociação não for razoável, não há motivo para pânico. As respostas para esse tipo de situação serão encontradas mais adiante neste livro. A melhor resposta é rir, encolher-se de modo a demonstrar susto ou levantar-se como se estivesse para sair da sala (ver Segredo 6.5). Explique que a proposta inicial absurda enfraqueceu a credibilidade da outra parte. Peça para que apresentem uma proposta mais séria e lembre-os de que você não planeja dividir diferença alguma meio a meio (ver Segredo 5.5). Se você negociar de maneira estruturada, as exigências absurdas de seu parceiro não afetarão sua posição de modo adverso.
- **Positivo.** Seu parceiro de negociação precisa sentir que seu comportamento não é nem submisso (o que poderia levá-lo a tentar tirar vantagem), nem agressivo (o que poderia levar o parceiro a reagir de modo adverso). Seu comportamento precisa ser apropriado, ou seja, positivo.

Seja audacioso, mas razoável ao propor seu primeiro pacote.

que nossa preparação inicial nos havia levado a antecipar. Não podíamos aceitar os 5% que o comprador ofereceu; se tivéssemos feito isso, ele quase certamente sentiria ter "perdido". O comprador rejeitou nosso pacote, mas os termos que propusemos eram plausíveis o suficiente para que a negociação continuasse nos trilhos. E apresentamos nossa proposta com confiança suficiente para que o comprador a encarasse com seriedade.

4.4

Tenha confiança em seu pacote inicial

Apresentar seu pacote inicial com confiança é crucial para o andamento do restante da sessão de negociação. A confiança determina o tom correto. Veremos abaixo que uma abertura confiante aumenta a chance de um final confiante e que uma abertura nervosa gera ainda mais nervosismo. A confiança é importante porque, como muitas outras formas de se comportar, é contagiosa.

Se você começa com timidez e depois se torna agressivo, terminará se sentindo confuso e confundindo seu parceiro. O resultado será incerteza e desacordo. Inicie falando com confiança. Da mesma forma, se você começar tratando a outra parte como seu melhor amigo e depois adotar um comportamento de completa objetividade, o resultado será confusão. Seu comportamento precisa ser coerente, a menos que você o mude deliberadamente para criar um efeito determinado.

Se demonstrar confiança com seu pacote inicial, vai se sentir seguro durante o restante do processo. Seu parceiro saberá o que está ocorrendo, perceberá o motivo e se comportará de modo mais aberto e seguro. Sucesso gera sucesso. Tudo isso só acontece se você se comportar de modo confiante – ou seja, sem agressividade ou arrogância, mas também sem timidez. Seja positivo.

Há argumentos em favor de se mudar de comportamento em determinadas situações, mas não logo na apresentação do pacote inicial.

"Ninguém consegue fazê-lo sentir-se inferior sem o seu consentimento."

Eleanor Roosevelt, primeira-dama dos Estados Unidos

O melhor momento para surpreender o outro lado se dá quando você estiver tentando mudar o curso de uma negociação – por exemplo, ao decidir introduzir uma nova variável ou então como parte de um esforço para se fechar um acordo.

Eis algumas atitudes que você pode tomar para reforçar sua confiança ao negociar (seja pessoa para pessoa, seja como parte de uma equipe):

- Compreenda os pontos fortes e fracos de ambas as partes (ver Segredo 6.3).
- Diga a si mesmo que você está se saindo bem.
- Tenha clareza quanto ao que pretende para sua vida pessoal, sua vida profissional e o futuro de seu relacionamento com o parceiro de negociação – e não apenas para o sucesso da negociação.
- Visualize o sucesso. Com o tempo, você passará a acreditar nele.
- Tenha uma visão clara do que seu chefe ou os membros de sua equipe esperam de você.
- Saiba com clareza em que ponto você abandonará a negociação e desistirá de qualquer possibilidade de acordo.
- Não tente seguir adiante se estiver se sentindo inseguro. Peça uma pausa.
- Se sentir que a outra parte está insegura ou pouco confiante, talvez seja boa ideia pedir uma pausa. Forçar sua "vantagem" pode não ser um bom movimento.

Apresente seu pacote de maneira confiante, mas não agressiva.

4.5

Cuidado com a "técnica do salame"

Essa expressão pitoresca é encontrada em grande parte dos livros modernos sobre negociação. Ela descreve o processo de permitir que seu parceiro fatie o pacote em forma de uma série de itens individuais (como fatias finas de salame) e que procure obter um acordo sobre cada item.

Se você aceita acordos sobre itens individuais (ou seja, negociados separadamente), então não terá recursos para negociar quando a outra parte subitamente apresentar um item importante. Não será possível fazer e aceitar concessões, porque você já aceitou acordos individuais sobre outros itens. Para evitar esse processo de "salamização", pense em termos de pacotes ao se preparar, discuta pacotes ao começar, barganhe com base em pacotes em vez de discutir itens separados e, por fim, feche o acordo sobre um pacote completo.

Estudo de caso: O líder comunista húngaro Mátyás Rákosi entendia o que Stalin fez com a Europa Oriental entre 1945 e 1949 como um processo de "fatiar o salame". Depois da Segunda Guerra Mundial, Stalin e a União Soviética gradualmente conquistaram o controle da Albânia, Bulgária, Polônia, Romênia, Hungria, Tchecoslováquia e, por fim, Alemanha Oriental. O líder soviético considerava que isso protegeria seu país contra futuros ataques. Os aliados ocidentais entendiam

Eis algumas dicas úteis de como evitar o salame:

1 Discutir itens individuais é aceitável, mas só apresente e negocie pacotes.

2 Pergunte à outra parte se existe algo mais a ser discutido no pacote antes de seguir em frente ou o que mais precisa ser considerado antes de um acordo.

3 Use a palavra "se" como lance de negociação. Diga: "Se vocês fizerem **a**, **b** e **c**, eu lhes concedo o seguinte...".

4 Não permita que a outra parte picote a negociação e a torne uma série de negociações menores. Você pode tentar adotar essa tática, mas não deve permitir que a outra parte o faça.

5 Avalie constantemente cada variável no contexto da negociação como um todo.

6 Esteja ciente do valor relativo de cada variável de negociação (as partes que a compõem).

Sempre negocie em forma de pacotes. Se não o fizer, pode se ver acuado e sem saída.

o processo como a criação de um império, mas pouco podiam fazer a respeito, pois tudo foi conquistado aos poucos. Não havia uma atitude específica de Stalin que constituísse causa de guerra, por isso, ele conseguiu o que desejava. Apenas 40 anos mais tarde, com a queda do Muro de Berlim, a maré foi revertida. Não espere tantos anos para se recuperar da escolha de más táticas de negociações. O melhor é não aceitar o salame.

4.6

Saiba quando pedir uma pausa

Saber quando pedir uma pausa (suspender a reunião) é importante para as duas partes - afinal, se qualquer dos lados for pressionado a tomar alguma atitude para a qual não está preparado, o efeito sobre o resultado final será adverso. Quando sentir que precisa de tempo para pensar, peça uma pausa.

As pessoas não fazem tantas pausas quanto deveriam nas negociações, isso prejudica o acordo e gera sensação de insatisfação. Cabe recordar o tipo de negociação que estamos buscando neste livro. Não se trata de uma transação única - se for esse o caso, aja da maneira que sua consciência ditar. Estamos falando de pessoas com quem desejamos manter um relacionamento, com as quais voltaremos a fazer negócios repetidas vezes. Se você ou seu parceiro estiverem se sentindo realmente desconfortáveis, faça uma pausa para refletir. Eis algumas dicas para ajudá-lo a decidir quando é hora de pedir um intervalo:

- Se você estiver negociando pessoa para pessoa (ou se estiver sozinho negociando com uma equipe), tenha consciência de quando precisa de uma pausa para pensar sobre determinada questão - especialmente diante de um novo tópico proposto pelo outro lado.
- Quando for parte de uma equipe, esteja preparado para adiamentos pedidos por qualquer dos integrantes do grupo. É melhor aceitar esses adiamentos do que se ver em uma situação na qual um de seus colegas

menciona em público algo que possa prejudicar o líder da equipe.

- Em negociações políticas ou de relações trabalhistas, adiar o debate por dias ou semanas é muitas vezes necessário para que as partes possam digerir o vasto volume de informações recebidas e para que possam consultar os demais interessados.
- Não aceite pausas, nem mesmo de alguns minutos, se acredita que isso levará a uma perda de ímpeto nas negociações.
- Faça intervalos quando a discussão estiver retornando constantemente ao mesmo ponto. Ofereça tempo às duas partes para que desenvolvam soluções que ponham fim ao impasse. Para permitir que as pessoas parem para pensar, você pode dizer algo como: "sinto que não estamos chegando a lugar algum, mas apenas nos atacando. Não seria melhor parar para refletir sobre aquilo que queremos realizar?"
- Uma forma de realizar uma pausa curta e despretensiosa é ir ao banheiro para pensar.
- Esteja ciente de que sua capacidade de concentração tem limites. Falta de concentração significa ouvir desatentamente, e isso pode ser perigoso! Ao sentir que chegou a esse limite, peça um intervalo.
- Sempre que sentir necessidade de reavaliar seus resultados desejáveis/prováveis/indesejáveis, considere pedir uma pausa.
- Tenha em mente que paralisações criam a expectativa de que novas propostas sejam feitas ou que outras abordagens sejam adotadas.

A forma de realizar pausas também merece reflexão:

- Faça um resumo antes de dar início a um intervalo.
- Retire-se para uma área privativa.
- Convide a outra parte a ponderar sobre uma ou duas questões.
- Decida quando e em que base a negociação deve ser retomada.

Use pausas de forma apropriada à situação e como modo de encorajar um acordo.

4.7

Ofereça escolha à outra parte

Todos adoramos ter escolha e reagimos mal se alguém nos diz que "é pegar ou largar". Dizer algo assim pode reduzir seriamente as chances de sucesso em uma negociação.

Não deixe a outra parte sem escolha, a não ser que vocês tenham realmente chegado a um impasse e que o seu lado esteja satisfeito com uma rejeição à sua oferta. Há momentos em que essa tática é apropriada (ver abaixo), mas, em geral, existem opções melhores e capazes de manter as negociações em aberto e de evitar que você se veja confinado.

1 **Negocie pacotes.** Pacotes de dois ou mais itens fazem a negociação seguir adiante. Se você fala apenas sobre preço, a discussão logo atinge um impasse. Por outro lado, se falar de preço e prazo de entrega, terá o mais simples dos pacotes. Se oferecer uma combinação envolvendo preço, quantidade e prazo, mesmo que diga que "isso é o melhor que posso fazer", o fato de ter apresentado um pacote significa que o debate provavelmente continuará e que um acordo continua sendo possível.

Estudo de caso: Por mais de 20 anos, a General Electric usou táticas de "é pegar ou largar" em suas negociações trabalhistas nos Estados Unidos. A empresa cuidava de embasar sua oferta utilizando estatísticas impressionantes e difíceis de serem rebatidas, e isso costumava funcionar. Até que, em determinado ano,

Minuto de reflexão: Quando você disser "essa é minha última oferta", tenha certeza de que consegue encarar as consequências se a outra parte abandonar a negociação.

2 **Tenha um grande número de itens em seu pacote.** Quanto mais itens você incluir, mais flexível poderá ser sua abordagem e menor será a probabilidade de que precise recorrer ao "pegar ou largar".

Uma atitude de "pegar ou largar" pode funcionar em seu favor se:

- Você atenuar sua linguagem com uma declaração do tipo "isso é o melhor que posso fazer".
- Você estiver exausto e realmente precisar chegar a uma conclusão.
- Seus clientes estiverem acostumados a esse tipo de linguagem e comportamento.
- Uma queda de preço de um cliente vier a lhe custar uma fortuna em outros pontos do mercado ou resultar em margens inaceitavelmente baixas.
- Você estiver preparado para a perda de prestígio que surgirá caso a negociação fracasse (seja diante do parceiro, do setor ou de seu chefe).
- For possível justificar sua posição com um fato inegável.

Continue a negociar pacotes até suas opções se esgotarem.

a estratégia não deu mais certo. Os eletricitários decidiram "largar", e o que se seguiu foi a mais dispendiosa greve na história norte-americana. Todo o dinheiro que a GE havia economizado até ali terminou sendo desperdiçado diante da atitude hostil dos sindicatos para com a abordagem arbitrária da companhia.

4.8

Demonstre flexibilidade

Se uma negociação acontece em forma de "toma lá, dá cá", então a flexibilidade é essencial para se alcançar o sucesso. Caso você utilize a palavra "se" (por exemplo, propondo algo como "se você fizer isso, eu farei aquilo"), estará sugerindo sua possibilidade de ser flexível.

Não faz sentido dizer que você compreende a necessidade de maleabilidade em uma negociação se você não agir realmente com flexibilidade. O comportamento flexível começa por uma atitude flexível. Quando ajudo no desenvolvimento de pessoal, peço aos participantes que se concentrem na importante distinção entre a necessidade de mudar a atitude, a capacitação ou o conhecimento (ACC). As atividades necessárias para o desenvolvimento de cada um desses três aspectos são muito diferentes. É fácil oferecer conhecimentos sobre flexibilidade – é o que estamos fazendo agora. Pode-se praticá-la como capacidade técnica, mas uma atitude flexível é algo que começa dentro de sua mente! Para ser um negociador flexível, você precisa desejar ser flexível. Eis algumas ideias que devem reforçar seu desejo de ser flexível:

Estudo de caso: Certa vez, conheci um dono de empresa que tinha um temperamento muito beligerante. Douglas dirigia uma companhia de treinamento e desenvolvimento de pessoal, mas o fazia com mão de ferro. Era extremamente inflexível. Uma das coisas sobre as quais tinha fixação era um sistema rígido de contas a receber e de controle de crédito. Ele não demorava a recorrer a advogados e a cartas ameaçadoras e não hesitava em suspender

1 Sua estratégia e seus objetivos de alto nível importam mais do que táticas detalhadas em nível mais baixo. Porém, táticas inadequadas podem destruir até a melhor das estratégias. Estratégia e tática devem funcionar bem juntas, e você precisa adaptar sua abordagem.

---

2 Táticas que funcionam quando o mercado favorece o comprador podem não funcionar em períodos de baixa oferta.

---

3 Táticas que funcionaram bem com determinada pessoa no passado podem não funcionar na semana que vem se a situação da outra parte tiver mudado. Reavalie sua abordagem. Ser flexível é essencial.

---

4 Os fins nem sempre justificam os meios. Presumivelmente existem atitudes (mentir, por exemplo) que você não deve tomar – nem mesmo se elas o ajudarem a atingir seus objetivos. É preciso decidir o que é aceitável para você e para seu parceiro de negociação. Aquilo que é aceitável em uma conjuntura pode não ser em outra.

Reavalie continuamente a sua abordagem, de acordo com a situação.

programas. Isso funcionou por algum tempo. Até que um concorrente (antigo subordinado dele) passou a oferecer serviços semelhantes. Douglas começou a perder clientes. Os clientes que não gostavam daquela atitude autoritária não haviam deixado de lado esse descontentamento e agora tinham um rival a que recorrer. Se Douglas tivesse demonstrado mais flexibilidade, seu bom negócio teria sofrido menos.

4.9

Adapte sua linguagem

Não há motivo para supor que sua mensagem é ótima e que você merece elogios. Elogie a si mesmo caso suas palavras sejam bem recebidas pelos ouvintes e você obtenha o resultado que deseja.

Uso cada vez mais a programação neurolinguística (PNL) para treinar pessoas – não apenas em negociações, mas também em vendas, apresentações e entrevistas. A base da PNL é a forma pela qual preferimos absorver informações. Todos recebemos comunicações por meio de três rotas muito diferentes: a auditiva – a escuta; a visual – a visão; e a do sentimento – apelos às nossas emoções (mencionamos esse ponto no Segredo 3.2). Utilizamos todos os três canais para recebermos mensagens, mas, em geral, preferimos um deles. Ao apresentar suas propostas em qualquer estágio de uma negociação, existe sempre o perigo de você se concentrar no seu meio preferencial para se comunicar. Todavia, é importante tentar apelar aos três canais, mas, acima de tudo, àquele preferido de seu público-alvo.

Tente compreender o canal pelo qual a outra parte prefere receber as mensagens – e o utilize. Se a pessoa com quem estiver negociando

Estudo de caso: Certa vez, gravei uma sessão de treinamento na qual as pessoas trabalhavam em duplas como parte de um exercício para praticar técnicas de negociação. As duas partes haviam compreendido a mensagem sobre pacotes, então uma delas disse: "Creio que eu poderia estender o pedido para cerca de 1,5 mil unidades caso você mude o preço para cerca de 5 libras e facilite o pagamento". Quantas indefi-

usar expressões como "ouvi dizer" (auditivo) ou "estou vendo que" (visual) ou "sinto que" (sentimentos), aproveite a dica e use linguagem semelhante.

Eis mais algumas dicas importantes sobre como abordar as pessoas, como persuadi-las e como fazer com que sua mensagem seja compreendida.

- **Não use números redondos.** Números redondos dão a impressão de que existe muito espaço para negociação. Por isso, faça uma primeira oferta de 1.115 libras, e não de 1.000 libras. Um valor como 1.115 parece muito mais calculado e sério.
- **Não use termos imprecisos.** Isso significa não usar palavras fracas como "possivelmente", porque elas abalariam a sua posição. Seja afirmativo.
- **Não se limite a falar.** Caso possível, diga o que precisa dizer, mostre algo que sustente a ideia e permita que a pessoa toque o objeto mostrado. É o que fazemos ao entregar um documento ou alguma outra forma de assistência visual a alguém. Pesquisas demonstram que as pessoas retêm duas vezes mais informação quando veem alguma coisa do que quando ouvem falar sobre ela e que a assimilação de informações é quatro vezes maior se puderem ouvir, ver e tocar.

Faça com que sua mensagem interesse à pessoa que você deseja influenciar.

nições você encontra nessa mensagem – e acompanhadas por um número redondo? "Creio", "poderia", "estender", "cerca", "caso", "facilitar" – todos esses termos poderiam ser eliminados, o que beneficiaria a negociação. Havia seis palavras que prejudicavam o argumento do participante em apenas uma sentença. Seria tão fácil dizer "comprarei 1,5 mil unidades a 4,85 libras se você me conceder o prazo de 60 dias".

Capítulo 5

Barganhar garante o sucesso

Depois de trocar pacotes, é preciso reduzir a distância que separa o seu pacote e o do parceiro. Isso será realizado com a ajuda de movimentos gerados por barganhas entre as duas partes. Este capítulo estuda como administrar as concessões, a necessidade de manter o controle sobre elas e a importância de manter seus objetivos sempre em mente antes de fazer concessões. Acima de tudo, vamos enfatizar a importância da palavrinha "se" no processo de negociação e a maneira de utilizá-la em seu benefício.

5.1

Movimento permite acordo

Negociação envolve concessões – é um jogo de "toma lá, dá cá" –, portanto negociar gira em torno de movimento. Estudaremos as táticas de movimentação neste capítulo, mas, primeiro, vamos examinar o quadro geral para que você esteja certo quanto à importância dessas táticas.

As negociações têm como base os movimentos das duas partes, que partem de posições opostas para chegarem a um ponto comum e de acordo mútuo. Portanto, podemos dizer que o movimento é o ingrediente indispensável da negociação. Você precisa reavaliar sua abordagem quanto a essas três questões durante todo o processo:

- **A que distância estão as partes?** Ou seja, qual é a distância entre nós no que diz respeito às variáveis que servem de base ao nosso quadro de orientação para negociação?
- **Em que direção precisamos avançar?** Aonde devemos chegar para obter um acordo? Ao ponto em que obteremos um acordo! É esse o "fim" de que fala Stephen Covey ao recomendar "comece tendo o fim em mente".
- **O que se deve fazer?** Você sabe a que distância está do seu parceiro e conhece o ponto a que devem chegar. Por fim, é preciso que pergunte a si mesmo: "o que eu preciso fazer para chegar lá?", "o que eu preciso fazer para superar essa distância?"

Recorra constantemente ao seu quadro de orientação para a negociação. Pergunte-se quanto a cada uma das variáveis: "A que distância estamos um do outro? Para onde precisamos avançar? Como superar essa distância?".

Você e seu parceiro precisam enviar sinais de que estão preparados para se mover ou terminarão deslizando para o impasse e o desacordo definitivo. Em geral, os sinais surgem na forma de uma mudança na ênfase de uma declaração anteriormente rígida. Assim, "nunca", por exemplo, torna-se "talvez", "impossível" se transforma em "isso seria difícil" e "não" passa a ser "não na situação atual". No início das negociações, esses sinais representariam indefinições (ver Segredo 4.9), mas, quando as duas partes estão em busca de movimento, elas indicam que a movimentação é possível. São motivos de esperança. Esse é outro exemplo de um aspecto da arte da negociação que não tem forma clara, não acontece em branco ou preto e requer que você aja de acordo com a situação e use o bom senso.

Quando sentir que movimento é necessário, procure um sinal. Caso não o receba, envie um aviso que possa causar movimento da outra parte. Perguntas como "por que você está tão determinado a impor esse ponto?" ou "o que seria necessário para que concordássemos?" são importantes em situações como essas.

Sinais são uma parte essencial das negociações porque indicam a possibilidade de movimento sem que forcem o negociador a oferecer algo específico, como um pacote reformulado. O pacote reformulado vem a seguir, e as partes já estarão um passo mais próximas do acordo.

A fim de chegar a um acordo, provoque movimento da outra parte e esteja disposto a se movimentar.

5.2

Na negociação, "se" é a maior palavra

Já mencionamos a importância da palavra "se" no Segredo 4.1. Negociadores bem-sucedidos abrem suas propostas com "se você..." Tenha isso em mente e coloque a ideia em prática. Se você agir assim, vai economizar uma fortuna.

É essencial dizer "se você fizer isso, aquilo e aquilo mais, eu, de minha parte, farei tal coisa", pois dessa forma você vincula uma condição a uma proposta. E o seu lado está reafirmando que o que está em discussão é um pacote, e que a outra parte deveria aceitá-lo, ou rejeitá-lo e propor uma alternativa.

O que você não deve fazer é permitir que a outra parte aceite certas porções do pacote e rejeite outras. Se permitir que o outro lado

Estudo de caso: Um dos meus amigos consultores, Neil, estava negociando para se tornar executivo de relações industriais por tempo limitado em uma companhia que atravessava um período de mudanças. A empresa solicitou que Neil reduzisse seus honorários em 20 libras diárias a fim de fechar um acordo na forma oferecida pelo presidente da companhia. A proposta cobria todas as variáveis que eles vinham discutindo, entre as quais um valor de 55 centavos de libra por milha rodada como reembolso para as despesas de locomoção. "Aceito uma redução de 10 libras por dia", declarou Neil, "se

escolha apenas as melhores partes de seu pacote e negociar essas partes isoladamente, você estará aceitando o salame (ver Segredo 4.5). Em outras palavras, estará aceitando uma situação na qual poderá chegar a acordos sobre diversas variáveis de negociação sucessivas, até que só reste uma variável sobre a qual você não pode fechar um acordo. Se você aceitar o salame nesse processo, não terá saída. E isso pode lhe custar caro!

Use uma calculadora ao negociar. Se você não fizer isso, ou é uma pessoa brilhante em cálculo mental, ou não estará negociando de forma estruturada. Seu pacote contém diversas variáveis de negociação, e cada uma delas tem valor diferente para você. Para cada um desses itens, você pode se movimentar de "desejável" para "provável" e até "indesejável" ao fazer concessões. Como saber o valor de cada concessão? Considere o estudo de caso no Segredo 4.2. A outra parte pode solicitar que você reduza seu preço em 0,25%. De que maneira determinar o valor total disso? Como determinar o valor relativo dessa concessão diante dos demais itens do pacote? A calculadora é um instrumento fundamental!

Use "se" como primeira palavra sempre que fizer uma proposta.

vocês elevarem o valor por milha para 62 centavos de libra; se o contrato durar seis meses; se minha jornada de trabalho for de cinco dias semanais, um dos quais trabalharei em casa; se eu receber pagamento semanal e se as despesas diretas (hotéis e refeições) forem reembolsadas integralmente". Neil fez uma concessão no valor de 10 libras diárias e calculou que aumentar o reembolso de quilometragem para 62 centavos de libra por milha reduziria pela metade o custo dessa concessão. Depois de mais alguns pequenos ajustes, os envolvidos fecharam o acordo.

5.3

Se fizer concessões, imponha condições

Este princípio é tão importante que vamos dedicar este Segredo para demonstrar exemplos práticos de como ele pode funcionar para você. Com base no conteúdo apresentado, desenvolva propostas que se adequem à sua situação específica.

Você pode ser um negociador de qualquer um dos tipos mencionados na introdução – comprador, vendedor, funcionário do governo, parente, executivo de relações industriais, etc. Vou oferecer modelos de cada categoria, mas tenha em mente que são apenas exemplos.

Alguns começam por "se você", como discutido no Segredo 5.2, mas outros usam a forma de "se eu fizer tal coisa, então você..." Essa segunda forma envolve probabilidade alta demais de uma resposta negativa. Mesmo assim, é uma abordagem que às vezes se usa, em especial nos estágios finais de uma negociação, quando se está perguntando diretamente a alguém se aceitaria algo específico. O desafio do seu lado é descobrir as palavras certas para persuadir a outra parte. Eis alguns exemplos do que as pessoas podem dizer quando se encontram em uma situação difícil:

- **Em família (1).** A mulher quer que o marido leve os filhos à escola, mas ele sabe que talvez também tenha de fazer as compras. Por isso, cede, mas diz: "Levo as crianças para a escola se você fizer as compras".

- **Em família (2).** Seu filho quer se comportar da maneira que achar melhor, quer um sorvete e quer jogar futebol com o amigo. Você cede: "Se você me ajudar hoje, pago o sorvete e amanhã busco Paul para vocês jogarem futebol. Fechado?" Crianças (como alguns adultos) são muito persistentes e sempre esperam que você ceda. Tenha isso em mente ao decidir como responder às solicitações deles.
- **O comprador (1).** Um comprador está sob pressão para adquirir grandes lotes de 1,5 mil unidades a um preço que não lhe agrada. Para ceder, propõe: "Se você me permitir comprar um lote mínimo de mil peças, se o prazo de entrega for de dois dias e se o prazo de pagamento for de 60 dias, aceito o preço de 5,23 libras por unidade".
- **O comprador (2).** Um comprador obtém como oferta um pacote menos favorável do que esperava. Aceita, sob a condição de que "se eu tiver prioridade na compra de seu estoque obsoleto, aceito o pacote oferecido".
- **O vendedor.** Foi solicitado a um vendedor que reduzisse seu preço em 1%. Para ceder, propõe: "Se você destacar os nossos produtos na capa de seu catálogo, reduziremos o preço em 0,75% e contribuiremos com mil libras para os custos de impressão".
- **O empregador.** Os funcionários sabem que sua jornada de trabalho será reduzida a quatro dias semanais e querem manter o valor por hora de trabalho. O empregador propõe: "Se vocês aceitarem a semana de quatro dias e uma redução de 2% no valor por hora de trabalho, assumimos o compromisso de não realizar demissões por pelo menos seis meses".

Eu poderia oferecer outros exemplos, mas o ponto básico é que você seja criativo e bem estruturado em suas negociações. As concessões que terá de fazer muitas vezes virão como parte de um pacote mais complexo do que os exemplos acima, como acontece no estudo de caso do Segredo 5.2.

Condições criativas podem tornar qualquer concessão desejável.

5.4

Sua primeira concessão deve ser pequena

Fazer uma primeira concessão pequena – o ideal é que seja uma questão pouco importante – estabelece o tom da negociação. Isso envolve risco e incerteza, portanto requer verdadeira coragem. É o que Steve Gates quer dizer por "se sentir confortável com o desconforto".

No Segredo 5.5, estudaremos diversas ideias que permitem administrar concessões de forma eficaz. Mas, antes de tratarmos disso, quero me concentrar na importância de começar com um passo pequeno. O especialista em negociação Chester Karrass realizou testes extensos que demonstraram que:

1 As pessoas que começam com concessões pequenas obtêm melhores resultados do que aquelas que começam com concessões mais consideráveis. Aquelas que fazem pequenas concessões e as seguem com outras ainda menores obtêm os melhores resultados. A mensagem é começar pequeno e depois reduzir ainda mais.

---

2 As pessoas que fazem a primeira concessão relacionada a um fator importante alcançam os piores resultados.

---

3 As pessoas que fazem a maior concessão no curso de uma negociação obtêm os piores resultados.

"A chave para negociar é aprender a se sentir confortável com riscos que causam desconforto aos negociadores."

Steve Gates, presidente-executivo da Gap Partnership

Uma das razões de esses fatores serem tão importantes é o fato de que as pessoas que fazem grandes concessões elevam a expectativa da outra parte. Aquelas que cedem um pouquinho de cada vez, por outro lado, alcançam os melhores resultados. Assim, é preciso encarar as concessões pelos olhos da outra parte, a fim de administrá-las. Lembre-se: o que a outra parte considera como pequeno é tão importante quanto aquilo que você considera como pequeno. Entre na cabeça de seu parceiro! Transforme-se nele!

Abaixo, você tem outras dicas sobre a administração de concessões. Elas devem ser lidas como uma complementação do Segredo 5.5.

- Identifique o que propicia satisfação à outra parte. Pode ser algo imediato, um benefício em longo prazo, algo relacionado ao pacote ou até mesmo a um item específico. Jogue a carta que motive seu parceiro. Antecipe as reações do outro lado e modifique a abordagem a ser utilizada.
- Não deixe transparecer o seu padrão de concessões. Qualquer coisa que o torne previsível facilita para o outro lado rebater suas melhores jogadas.
- Se qualquer concessão – e o pacote a ela vinculado – não for aceita, não se sinta forçado a reapresentá-la. Você tem o direito de retirar o pacote como um todo.
- É possível fazer concessões sem, na verdade, ceder qualquer coisa. Se ouvir atenta e demoradamente o argumento do seu parceiro, você terá concedido alguma coisa à outra parte, e isso pode facilitar a negociação.

Para administrar as concessões efetivamente, comece aos poucos e com o foco em uma questão pequena.

5.5

Faça as concessões funcionarem a seu favor

Estudamos a necessidade de pequenas concessões, mas existem outros aspectos desse fator que são cruciais para garantir os resultados desejados.

A maneira como você administra suas concessões não afetará apenas o seu lado, mas também as aspirações da outra parte e o comportamento de seu parceiro com relação a você. Além disso, certamente terá um efeito profundo sobre o desfecho. Essas dicas irão ajudá-lo a alcançar um acordo lucrativo.

1 Dê a si mesmo espaço para manobra. Não permita que suas exigências iniciais estejam muito próximas do objetivo final. Em outras palavras, conceda a si mesmo espaço para negociar. Comece alto se estiver vendendo; baixo se estiver comprando. Tenha argumentos convincentes que justifiquem o seu ponto de partida.

---

2 Conduza a negociação de modo que a outra parte coloque todas as exigências na mesa. Faça-os abrir o jogo primeiro. No começo, mantenha algumas de suas exigências ocultas. Uma vez mais, o objetivo é conseguir espaço de manobra.

---

3 Jamais presuma saber o que a outra parte deseja. Descubra a realidade da situação com a ajuda de perguntas perspicazes. Você cometerá sérios erros se proceder a partir de uma base incorreta.

4 Obtenha alguma coisa em troca de qualquer concessão. Jamais faça uma concessão sem obter outra em troca. As concessões feitas com muita facilidade satisfazem menos a outra parte do que aquelas alcançadas com esforço.

5 Você pode ser o primeiro a fazer pequenas concessões, mas, nos assuntos importantes, deixe que a outra parte as faça antes. Lembre-se de que "mais tarde" é melhor do que "agora". Quanto mais o outro lado espera para obter uma concessão, mais ele a apreciará.

6 Não procure equivalência e não aceite divisões meio a meio. Se você ficar conhecido como alguém que divide as concessões meio a meio, as pessoas saberão exatamente quais exigências devem fazer.

7 Se não puder obter uma concessão, faça o possível para alcançar uma promessa de seu parceiro.

8 Não aceite da outra parte argumentos como "lamento, mas não posso ceder quanto a isso por uma questão de princípio". Em geral, esses princípios não têm fundamento e seu objetivo é testar o quanto eles valem.

9 Pergunte sempre a si mesmo: "esta concessão vai nos aproximar de um acordo?" Caso a resposta seja "não muito", não a ofereça.

10 Se as suas concessões não forem aceitas, retire-as. Não permita que alguém aceite parte de um pacote que envolva uma concessão vinda do seu lado e rejeite o restante. A menos que seu pacote seja aceito na íntegra, recue para a posição anterior e tente de novo.

Reconheça que suas concessões afetam as da outra parte, e vice-versa.

5.6

Mantenha o foco nas soluções, não nos problemas

No Segredo 1.4, mencionamos o fato de que todos nós vemos o mundo com olhos diferentes. Algumas pessoas enxergam problemas onde outras encontram oportunidades. Entretanto, se queremos alcançar um acordo, é importante que sejamos positivos, que procuremos oportunidades que levem a soluções.

Compradores tendem a ser muito mais negativos do que vendedores. Em geral, os compradores podem jogar na defensiva e simplesmente apontar o problema, enquanto os vendedores precisam correr para encontrar respostas. O segredo é se manter positivo e demonstrar à outra parte que, se as duas adotarem posturas positivas, será mais fácil chegar a um acordo.

1 Tenha uma visão para a sua vida e o seu negócio. Comece pelo fim que tem em mente. "Vamos ficar atentos, Anita. Hoje nossa intenção é chegar a um resultado que nos permitirá trabalhar juntos pelos próximos 12 meses. Precisamos chegar a um acordo sobre um pacote hoje porque a sua – e a nossa – posição no mercado requer que façamos isso."

---

2 Acredite em você e naquilo que está tentando fazer. "A meu ver, estamos em uma boa posição para chegarmos a um acordo. O que você acha, Anita?" Ou "sinto que podemos chegar a um acordo agora. O que você acha?"

---

3 Cerque-se de pessoas positivas quando estiver se preparando para negociar. "Quem irá ajudá-la a implementar esse acordo, Anita?"

---

4 Transforme o negativo em positivo. Crie opções e tenha novas ideias para solucionar problemas (ver Segredo 6.1). "Isso parece ser um problema, Anita. Talvez uma solução seja mantermos um estoque de reserva à disposição."

---

5 Seja realista e positivo, mas não seja tolo. "Você concordaria que isso é realista para nós dois?"

---

6 Leve o ritmo em consideração. Seja paciente, pois pressionar demais pode causar desconforto à outra parte. Por outro lado, relaxar demais fará a negociação perder o ímpeto. "Que progresso estamos obtendo?"

As palavras que usamos têm grande impacto sobre a maneira como a outra pessoa responde. "Impossível" ou "de jeito nenhum" não são parte dos termos e expressões que usamos para convencer alguém a aceitar nosso modo de pensar. O nome de seu interlocutor, "nós", "vocês" e "juntos" são palavras poderosas porque unem as pessoas.

Alguns dos vocábulos mais poderosos do idioma são: fácil, simples, novo, dinheiro, seguro, protegido, salvo, reter, saúde, força, resultados, benefícios, descobrir, garantia, livre e promessa.

Certifique-se de contar com um amplo leque de vocábulos positivos e os utilize em combinações de mais impacto ainda. Por exemplo: "essa é uma nova maneira de economizar dinheiro para você".

Pense positivamente e use linguagem positiva para encorajar seu parceiro de negociação a também pensar positivamente.

5.7

Sempre obtenha uma contraproposta

Jamais modifique sua proposta sem extrair uma contraproposta firme da outra parte. Esse tipo de erro acontece com frequência e sem que as pessoas se deem conta. As consequências podem ser desastrosas. Caso você não garanta uma contraproposta, estará abalando gravemente sua credibilidade.

Imagine a seguinte situação: você faz uma proposta. Seu parceiro a discute, mas não apresenta uma contraproposta. Então, você acaba se vendo arrastado a apresentar uma nova proposta. O seu lado fez duas propostas e ele nenhuma. O que aconteceu?

- Você enviou um sinal de que suas propostas não são sérias.
- Você enviou um sinal sugerindo que, se ele deseja o melhor negócio, basta que se cale e permita que você se apresse em satisfazê-lo, reduzindo progressivamente sua exigência.
- Você abalou completamente sua credibilidade ao demonstrar que não está negociando de maneira estruturada.
- Você está facilitando as coisas para a outra parte, o que pode reduzir a satisfação dela com o resultado da negociação.

"Muitas vezes, a indiferença pode ser sua maior arma de negociação."

Max Markson, agente de publicidade australiano

Há um ponto importante aqui e ele envolve o que você deveria fazer quando a outra parte reage com uma exigência absurda. Nessa situação, o melhor seria não responder em circunstância alguma. Caso você apresente uma contraproposta depois de uma oferta absurda, estará conferindo credibilidade a ela. O você deve fazer é conseguir que a outra parte apresente uma segunda proposta, mais razoável. Eis algumas das opções:

- Ignore a proposta completamente. (Ver a citação acima.)
- Descarte-a com uma risada.
- Peça que a outra parte repita (em geral, a sugestão é atenuada quando repetida).
- Faça uma pergunta.
- Deixe a reunião.
- Retorne ao ponto anterior de discussão.
- Independentemente do que decidir fazer, não apresente uma proposta. Antes, conduza a outra parte a apresentar uma proposta séria.

Esse parece ser um bom momento para tratarmos da clássica tática do "bom sujeito/mau sujeito" – que, por sinal, pode ser usada contra você. O seu lado está negociando com duas pessoas. Uma (o bom sujeito) é sensata e previsível. A outra (o mau sujeito) faz pedidos absurdos para prejudicar seu raciocínio. A reação deve ser a apresentada acima: ignore ou descarte a exigência. Uma boa reação é confrontá-los diretamente: "Por que vocês estão fazendo o jogo do bom sujeito/mau sujeito comigo?"

Espere uma contraproposta séria antes de modificar seu pacote.

5.8

Use procedimentos justos

Um resultado de vitória dupla depende de ambos os lados sentirem que foram tratadas com justiça. A outra parte deve sair com a sensação de que o resultado foi negociado lealmente, o que faz disso um componente fundamental para o acordo.

Se as pessoas sentirem que não foram tratadas de modo justo, haverá ressentimento, o que pode impedir um acordo. Essa sensação pode também persistir mesmo que o acordo tenha sido fechado (um caso clássico de vitória unilateral).

Além dos procedimentos justos, deveríamos incluir o uso de fontes de dados que você e seu parceiro de negociação aceitem de comum acordo. Vamos considerar alguns exemplos justos de procedimentos e de fontes de dados. Se você utilizar essas ou outras fontes de dados objetivos, certamente conseguirá criar um acordo que represente vitória dupla.

Estudo de caso: As negociações internacionais sobre as leis marítimas chegaram a um impasse em virtude da questão de como alocar direitos de mineração em águas profundas. O anteprojeto de um acordo previa que metade dos sítios seriam explorados por empresas privadas e a outra metade pela Enterprise, uma organização controlada pela ONU. Como as empresas privadas dos países ricos detêm a tecnologia e os recursos necessários para escolher os melhores locais, os

- **Valor de mercado.** Talvez exista uma publicação respeitada que os dois concordem em usar para definir o valor de um carro, a taxa de câmbio ou o salário de um determinado posto (o jornal *Financial Times*, por exemplo).
- **Índices aceitáveis.** Se você estiver negociando aumentos ou reduções de preços, pode usar como referência estatísticas governamentais sobre inflação ou o custo de produtos específicos.
- **O que um tribunal decidiria.** A deliberação pode se basear na avaliação mútua quanto ao que um tribunal decidiria sobre o assunto em pauta. Isso pode evitar o recurso à Justiça!
- **Precedentes.** Se você apontar para algo que tenha sido feito em um caso semelhante, pode levar a situação a caminhar para um acordo. Um exemplo seria um acordo comercial em outra área de seu mercado.
- **Tratamento igual.** Você pode apontar para o fato de que outras pessoas na mesma situação receberam oferta igual. Ou seja, a oferta deve ser razoável!
- **Padrões estabelecidos.** Você pode descobrir que uma organização profissional publicou a melhor maneira de fazer certa coisa. No Reino Unido, por exemplo, há padrões do setor de construção civil para muitas atividades, entre as quais os pagamentos escalonados em um projeto.

Você e a outra parte precisam adotar procedimentos justos e escolher fontes aceitáveis de dados.

países pobres temiam que a Enterprise, menos capacitada, saísse em desvantagem na barganha. A solução foi concordar que uma empresa privada desejosa de minerar no leito do oceano ofereceria dois locais de mineração possíveis à Enterprise, que selecionaria o espaço que desejava explorar e concederia o outro à companhia. Já que a empresa não sabia que área receberia, tinha incentivos para escolher duas áreas promissoras.

5.9

Compare constantemente seus objetivos

Você entra em uma negociação com objetivos. A outra parte também. As discussões farão com que os objetivos sejam alterados. Você precisa aprender a administrar o processo de modo a manter o controle e não se perder.

O que ocorre na maioria das negociações profissionais é algo complexo (ou pelo menos deveria ser, se você estiver trabalhando direito). Pense sobre o que está sendo discutido – ou seja, sobre seus objetivos iniciais, os objetivos da outra parte, as novas questões que venham a surgir, os comportamentos inesperados, as concessões de ambos os lados, os pacotes complexos, as exigências absurdas. Muitas vezes, usar a calculadora ajuda a compreender o que aconteceu, o que está acontecendo e qual objetivo você deseja alcançar. Se você acha a situação simples demais, deve estar se esquecendo de considerar algo vital. Eis como administrar o processo:

1 Reavalie constantemente tanto os seus objetivos quanto os de seu parceiro de negociação.

---

2 Relacione a avaliação ao movimento ocorrido em cada variável de negociação (de sua parte e da parte do parceiro). É preciso determinar quem fez quais concessões quanto a cada aspecto e quanto elas valem e custam para as duas partes.

---

3 Pergunte-se sempre "o que eu desejo?" (ou seja, "o que estou pedindo?") e "de que preciso?" (em outras palavras, "o que é

> "O fracasso só acontece quando nos esquecemos de nossos ideais, objetivos e princípios."
>
> **Jawaharlal Nehru, primeiro chefe de governo da Índia independente**

necessário que eu tenha?"). Também pergunte a si mesmo o que a outra parte quer e de que ela necessita.

4 Reveja sempre o quadro preparado no Segredo 2.1 e o atualize para poder pensar de modo objetivo.

5 É especialmente importante identificar a relevância de cada nova variável introduzida. Qual será seu custo? O que ela vale para você? O que ela vale para o outro lado? Qual é a importância dessa nova variável em relação às demais?

Determine se um provável acordo é ou não aceitável para você. Para tanto, você precisa conhecer sua MASA (Melhor Alternativa Sem Acordo). É possível encontrar referências a este assunto em centenas de livros. MASA é parte da linguagem da negociação, e se enquadra a este segredo da seguinte maneira:

- Sua melhor alternativa é simplesmente abandonar a negociação?
- Sua melhor alternativa é negociar com outro parceiro?
- Você deveria optar por uma alternativa à negociação? Que tal as opções apresentadas no Segredo 1.2 (por exemplo, postergação, arbitragem ou um apelo pessoal)?

O ponto principal é que não se pode tomar nenhuma decisão confiável sobre as alternativas em jogo sem saber qual é a sua MASA; use os processos de pensamento e os cálculos indicados nos itens 1 a 5, neste Segredo.

Use seu quadro de preparação para monitorar o progresso rumo a um acordo.

5.10

Rebata tentativas de "mordiscar"

Quando você acredita ter chegado a algum acordo quanto a um pacote, ainda pode se tornar vítima de uma "mordiscada" de último minuto. O outro lado subitamente aparece com uma variável que você havia desconsiderado ou que nem havia sido discutida. Demonstraremos formas para evitar ser apanhado nessa situação.

"Mordiscar" é um daqueles termos que surgem na linguagem de negociação usada em todo o mundo. Significa alterar aquilo que você acreditava ser um acordo quando, na verdade, não havia nenhuma base para acordo. Você pode usar a técnica em benefício próprio, mas deve evitar a todo custo se tornar uma vítima dela. Vale a pena ler primeiro o estudo de caso abaixo. Ele retrata bem como funciona o processo de "mordiscar". Consideremos, agora, como você pode "mordiscar" em seu benefício e o que fazer para escapar das mordidas.

Estudo de caso: Ron, um amigo meu, vendia carros e caminhões usados. Estava em sua loja discutindo há mais de uma hora com um possível comprador, negociando pacotes que incluíam as seguintes variáveis: preço, assistência técnica, impostos, certificado de teste e forma de pagamento. O comprador estava a 15 libras de chegar a um acordo no preço de 5.115 libras quando Ron disse: "Está bem, vendo por 5.100 libras". Os dois então trocaram um aperto de mão para selar

Como "mordiscar":

- Em primeiro lugar, você precisa decidir se agir dessa maneira é ético.
- Caso conclua que sim, mantenha uma variável (ou algumas variáveis) de negociação deliberadamente oculta até que a outra parte considere que vocês chegaram a um acordo.
- Você estará confiando que a outra parte se sinta bem por acreditar que chegou a um acordo. Isso a torna vulnerável, e você logo demonstrará esse ponto!
- É sempre melhor levar em conta se você pretende ou não voltar a fazer negócios com essa pessoa no futuro.

Como escapar de mordiscadas:

- Monitore o progresso de todas as variáveis de seu pacote e também do pacote de seu parceiro. Registre todas as concessões oferecidas e o valor que elas têm para você e para a outra parte.
- Verifique se há algo mais a ser discutido no pacote final (ver o estudo de caso abaixo).
- Não feche acordo sobre o pacote final antes de ter certeza de que a outra parte colocou todas as cartas na mesa. Se uma mordida substancial surgir no último momento, você terá de voltar à estaca zero.

Para escapar de mordiscadas, coloque todas as questões na mesa.

o negócio. Logo em seguida, o comprador falou: "Ótimo! Encha o tanque e levo o caminhão já". O preço para encher o tanque era 200 libras! O acordo foi desfeito e os dois saíram irritados por terem perdido tanto tempo. A ética do caso está aberta a debates, mas, caso Ron tivesse perguntado (quando o preço estava em 5.115 libras) se havia mais algum fator que precisasse ser discutido antes de eles fecharem o negócio, os dois poderiam ter chegado a um acordo.

Capitulo 6

Encontre terreno comum

Você agora precisa encontrar o terreno comum que sirva de base para um acordo e saber quando é hora de fechar o negócio. Este capítulo destaca a importância de manter todas as variáveis interligadas em forma de pacote. À medida que uma negociação bem-sucedida se aproxima do fim, você deve tentar identificar questões que tenham surgido, que sejam importantes para ambas as partes e que sirvam para uni-las em torno de um acordo. É sempre necessário garantir que o acordo final seja exatamente aquilo que as partes acreditam que ele é.

6.1

Invente opções para ganho mútuo

Para ajudar a fechar um acordo, é bom manter algumas cartas na manga e usá-las no momento oportuno. Você pode segurar uma de suas variáveis de negociação até que apresentá-la exerça o máximo impacto. Outra opção é desenvolver ideias novas que beneficiem as duas partes.

A primeira dessas abordagens já foi mencionada. Você segura alguma coisa até a hora em que considera que uma concessão adicional a seu parceiro de negociação será atraente a ponto de convencê-lo a aceitar o pacote proposto. Um dos resultados disso costuma ser propiciar ao outro lado uma surpresa agradável.

A segunda maneira pela qual se pode surpreender agradavelmente a outra parte é inventar opções que proporcionem ganhos mútuos. Isso significa desenvolver novas ideias benéficas para ambos os lados. Uma maneira de considerar esse aspecto é dizer que não basta presumir que o tamanho do bolo é fixo e que o objetivo da negociação é decidir que fatia cabe a cada um. Não! Primeiro devemos tentar fazer com que o bolo cresça.

Duas irmãs brigaram por causa de uma laranja. Por fim, decidiram dividi-la ao meio. A primeira irmã pegou sua metade, comeu a fruta e jogou a casca fora. A segunda jogou a fruta fora e usou a casca para dar sabor a um bolo. As duas "deixaram dinheiro na mesa". Não foi um caso de vitória dupla!

"Tenha mais do que mostra; fale menos do que sabe."

William Shakespeare, dramaturgo inglês

O negociador inteligente pensa em novas variáveis de negociação que acrescentem valor para as duas partes – ou seja, que façam o bolo crescer. O negociador ainda mais inteligente sabe a hora certa de colocar essa carta na mesa, de modo a fechar o negócio. O que você pode fazer para aumentar suas chances de pensar de modo criativo?

- **Prepare-se.** A preparação lhe oferecerá uma base sólida para estimar o valor de cada questão.
- **Tenha empatia.** Faça muitas perguntas. Coloque-se no lugar da outra pessoa e veja se consegue identificar questões importantes para as duas partes.
- **Seja flexível.** Prepare-se, obviamente, mas esteja aberto a novas ideias quando elas surgirem na discussão.
- **Tome cuidado com a técnica do salame.** Sair fatiado como um salame é o completo oposto do que você procura.
- **Transforme tudo em um pacote.** Sua nova ideia não funciona sozinha – ela acrescentará valor para ambos os lados se você a tornar parte de um pacote que estimule o acordo.
- **Adote uma mentalidade de vitória dupla.** Evite preconceitos. Esteja aberto a novas ideias para aumentar o tamanho do bolo.

Busque constantemente novas oportunidades de fazer o bolo crescer antes de dividi-lo.

6.2

Combine todas as suas questões no pacote final

Estamos nos encaminhando para o fim deste livro da mesma maneira que você estará se encaminhando para um acordo. Mas ainda não chegamos lá, e este segredo envolve formar um quadro completo quanto ao seu acordo. Se você acertar nisso, o desfecho beneficiará as duas partes.

A ideia aqui é tomar a mentalidade de negociar em pacotes e levá-la ainda mais longe. O que importa não é só negociar sempre em forma de pacotes (o que a esta altura espero que já tenha se tornado automático para você), mas também ver o quadro mais amplo para garantir que você e seu parceiro de negociação estão pensando de forma similar.

É preciso ver a completa relação entre a conversa que vocês tiveram, o entendimento a que chegaram, os diversos itens do pacote e o acordo final. Trata-se de um sistema completo, que precisa resultar em um todo que faça sentido para os dois lados e com o qual ambos se sintam confortáveis.

Imagine que você está tentando conduzir as duas partes a um espaço no qual possam cooperar e participar de algo juntas. É preciso garantir que diversos fatores funcionem corretamente – as condições da sala, estratégias, motivos, questões, atenção, interrupções, promessas, níveis de autoridade, conhecimento, demonstrações e outros itens que já discutimos. Se você conseguir acertar tudo isso, o sistema todo estará funcionando do modo certo, e o acordo será sólido.

Minuto de reflexão: Na Escócia, se você troca um aperto de mão no fim do acordo de venda de uma casa, isso é considerado como contrato legalmente válido. Na Inglaterra, o contrato não é celebrado até que esteja no papel. Ao conduzir seus negócios, é preciso ter consciência das diferentes culturas e das diferenças nas leis.

Perceba que, quando as partes chegarem a um acordo final, o texto não necessariamente cobrirá tudo aquilo que permite que você e seu parceiro trabalhem juntos. Talvez existam aspectos não escritos do arranjo, derivados do entendimento desenvolvido durante a discussão. Eles podem envolver encaminhamento de clientes pela outra parte (algo cuja verificação seria muito difícil) ou um acordo de que a equipe de vendas da outra parte promoverá seu produto (outro ponto difícil de ser monitorado).

É preciso estar ciente de que nenhum acordo é hermeticamente garantido. A base tem de ser a confiança mútua. Na lei britânica, um acordo por escrito não equivale a um contrato. Ele representa uma prova de contrato, mas este último se baseia também em outros fatores – por exemplo, as promessas e garantias oferecidas verbalmente durante a negociação. Na cultura em que você opera, considerações diferentes, embora similares, podem se aplicar (no sentido de que um bom acordo depende muito da confiança). A cultura tem efeito significativo sobre a forma como chegamos a um acordo e também sobre a forma como o acordo é colocado em prática – mas a confiança é a base de qualquer relacionamento duradouro.

Reconheça, portanto, que às vezes uma promessa é melhor do que nada. Se alguém promete lhe encaminhar novos negócios, essa promessa é melhor do que nada, mesmo que ela não seja parte do acordo em si.

Olhe para o quadro geral daquilo que está prestes a negociar.

6.3

Tente não dizer "é pegar ou largar"

No Segredo 4.7, discutimos se esse tipo de ultimato deve ou não ser usado. Em algumas situações, ele é apropriado, mas não existe necessidade de se usar essas palavras, uma vez que elas carregam forte carga emocional e podem destruir qualquer chance de futuros negócios.

Você poderia simplesmente dizer "isso é o melhor que posso fazer", o que talvez seja uma boa ideia se a outra parte não tem escolha a não ser aceitar sua proposta ou se sua posição de mercado ou situação financeira não lhe permitem fazer outras concessões. Você terá menos necessidade de lançar mão desse tipo de ultimato nestas situações:

- **Reconheça quem tem autoridade para aceitar o acordo.** Não faz sentido batalhar com alguém se você mais tarde terá de se reunir com outras pessoas para resolver a mesma coisa.

Estudo de caso: Em certa ocasião, eu estava trabalhando para uma grande empresa envolvida na distribuição de tubos, válvulas e conexões. Eles mantinham um grande depósito ao ar livre para a distribuição de seus produtos. Para o transporte, o grupo operava uma frota mista de veículos a gasolina e elétricos. Um dia, ouvi uma vendedora tentando vender quatro empilhadeiras elétricas ao diretor de operações. Ele disse: "Suas empilhadeiras elétricas são meio lentas para nós." A resposta da vendedora foi: "Sim, elas são lentas (não tenha medo), mas quais são os fatores

- **Supere objeções.** Isso é uma competência de vendas. Se alguém rejeitar sua ideia, adote a abordagem relatada no estudo de caso deste Segredo.
- **Mude alguma coisa.** Se estiver empacado quanto a um assunto, discuta outra questão e retorne a ele mais tarde. Use palavras diferentes. Levante-se. Sente-se. Faça uma pausa. Tudo isso ajuda a romper um impasse.
- **Estude as aspirações.** As pessoas que querem mais enfrentam mais impasses. Pergunte a si mesmo: "Vale a pena arriscar um impasse por conta disso?"
- **Peça repetição.** Solicite que um pacote seja repetido. Peça que uma pergunta seja repetida. Em geral, as coisas são ditas de forma mais amena quando expressadas pela segunda vez. Tente.
- **Não leve para o lado pessoal.** Resolva os problemas, não corrija as pessoas.

Todas essas táticas merecem ser experimentadas antes de você recorrer ao "é pegar ou largar". As pessoas não gostam de se sentir acuadas, não gostam de sofrer intimidação. Ofereça-lhes escolhas, use seu poder de influenciar e sua capacidade de persuadir. Fazendo isso, elas vão querer voltar a negociar com você no futuro.

Use boas técnicas de negociação para evitar ter que recorrer ao "é pegar ou largar".

mais importantes em sua decisão?" (a questão aberta). O executivo respondeu: "Os custos operacionais gerais, que são fortemente influenciados pela confiabilidade." A vendedora então respondeu: "Sabemos que nossos veículos são lentos, mas isso não é de fato importante para vocês em seus depósitos congestionados; a nossa ênfase é a confiabilidade e, além disso, nossos produtos são ecológicos e contribuem para uma atmosfera mais saudável para o trabalho de seu pessoal". (Coloque a objeção em perspectiva e ofereça fatores compensatórios.)

6.4

Controle o nervosismo e saiba quando fechar o negócio

Você está chegando ao fim das conversas. Existe tensão. Existe dúvida. É preciso chegar a um acordo. Vamos considerar agora a parte do "fechamento" (no sentido de fechar negócio, de se chegar a um acordo).

Negociações estão repletas de riscos. Há o risco de desentendimento. Há o risco de se fazer concessões demais. Como conduzir a situação, a esta altura, é algo que depende do seu julgamento. Mas fechar o negócio de modo mais eficaz depende de você continuar a fazer tudo o que vimos nos capítulos anteriores. Todos aqueles fatores afetam sua capacidade de fechamento. Em especial, procure ouvir mais do que fala, porque falar pode revelar falta de confiança – e a outra parte pode resolver explorar essa falta de confiança. Você precisa controlar os nervos e, ao mesmo tempo, manter a confiança de seu parceiro. Eis algumas dicas simples sobre como fechar uma negociação.

1 **Seja confiante.** Isso é de grande importância, em especial no fechamento, porque você não quer que a outra parte se sinta acuada. Portanto, o que funciona é um comportamento confiante – nem submisso, nem agressivo.

---

2 **O *timing* é o fator mais importante.** Só você pode decidir quando é hora de pressionar e quando é hora de ter cautela. E o seu lado da mesa só saberá conduzir o jogo se realmente compreender a outra parte.

3 **Seja positivo.** "Se não pudermos chegar a um acordo agora, quando poderemos?" Não se deixe abater por grandes diferenças; concentre-se em reduzi-las.

---

4 **Tenha certeza de que o acordo é convincente.** Esteja certo de que conseguirá "vender" o acordo às pessoas que o cercam. E ajude a outra parte a fazer o mesmo, do lado dela.

---

5 **Não se deixe intimidar.** Se você estiver usando os segredos, será capaz de prosseguir até obter uma vitória dupla. Mantenha a coragem!

Isso se refere à sua abordagem para o fechamento. Veja alguns exemplos de técnicas clássicas de fechamento das quais você pode tirar proveito:

- **O fechamento à queima-roupa.** "Estamos acertados?" é uma pergunta fechada e neste momento é vital fazer perguntas fechadas. Caso ela produza uma objeção, retorne às perguntas abertas. "Por quê?"
- **O fechamento presumido.** Em outras palavras, aja como se o acordo já tivesse sido alcançado. "Bem, vamos resumir o que decidimos."
- **O fechamento ativo.** Isso envolve agir como se o acordo fosse apenas uma formalidade – use um bloco de papel em branco para resumir os termos ou se levante e vá sentar-se do outro lado da mesa, ao lado da outra parte, com o bloco nas mãos.
- **O fechamento alternativo.** "Vamos fechar antes ou depois do café?"
- **O fechamento por oferta especial.** "Se fecharmos agora, estou disposto a oferecer alguma coisa a mais."
- **O fechamento condicional.** "Se pudermos demonstrar que isso cumpre seus critérios, chegamos a um acordo?" ou "se eu fizer tal coisa, chegamos a um acordo?"

Saber quando fechar é uma questão de julgamento, de identificar o momento no qual as duas partes chegaram a um terreno comum.

6.5

Preste atenção à linguagem corporal

Poderíamos ter considerado a linguagem corporal em diversos outros pontos deste livro. Esse é um aspecto crucial da comunicação, importante desde o primeiro encontro até o acordo final. Trata-se de algo útil para avaliarmos reações a propostas e concessões, e também para determinarmos se encontramos terreno comum com nosso parceiro de negociação.

Pesquisas demonstram que 10% da comunicação depende das palavras que você usa, 30% dependem de sua forma de dizê-las e 60% de sua linguagem corporal. Os números exatos não importam. O que vale é que é preciso ler a linguagem corporal alheia e perceber o que nos revela. Também é importante saber que a sua linguagem corporal pode ajudá-lo a se mostrar mais convincente. Eis apenas alguns exemplos de como interpretar a linguagem corporal:

- **Olhos nos olhos.** Se uma pessoa o olha nos olhos apenas 30% do tempo, esteja preparado para a possibilidade de ela estar mentindo. Se o tempo de contato olho nos olho supera 70%, isso indica que a outra parte o considera interessante ou que existe hostilidade.
- **Esfregar os olhos.** Isso pode indicar uma mentira, no entanto mulheres às vezes usam esse gesto para evitar um movimento mais brusco. Mas também pode ser apenas uma coceira.
- **Braços cruzados.** Braços cruzados podem ser um sinal de hostilidade ou de rejeição a um argumento que você acaba de apresentar.

■ **Gestos com as mãos.** As duas palmas voltadas para cima podem ser um sinal de abertura.

Não confie demais em sua interpretação da linguagem corporal antes de estudar o assunto mais aprofundadamente. Você pode acreditar que alguém que não o olha nos olhos está mentindo, mas essa seria uma suposição perigosa. Por outro lado, se estivermos diante de um homem esfregando os olhos, mexendo no colarinho, evitando seu olhar e se mexendo na cadeira em sinal de desconforto, é bastante provável que esteja mentindo. No que tange à sua linguagem corporal, eis algumas dicas para ajudá-lo a criar um clima positivo em seu contato com as pessoas que o cercam:

■ **Atente-se à primeira impressão que você causa.** Os indivíduos formam 90% de sua opinião sobre os outros nos primeiros 90 segundos de contato.
■ **Use o nome das pessoas e sorria.** Primeiro, é claro, descubra como elas preferem ser chamadas.
■ **Evite se sentar diretamente na frente de alguém.** Isso se aplica especialmente a mesas quadradas ou retangulares. O ideal é discutir em uma mesa redonda, em ângulo de 60 graus.
■ **Incline-se na direção de seu interlocutor.** Isso cria a impressão de que você está especialmente interessado no que ele diz.
■ **Recoste-se na cadeira.** Aja assim se quiser ouvir ou demonstrar confiança.
■ **Não invada o espaço pessoal alheio.** Um metro de distância é a proximidade ideal – a menos que os dois estejam discutindo os detalhes finais do acordo; nesse caso, aproxime-se.
■ **Reaja!** Sempre que uma proposta lhe for dirigida, demonstre reação. Pode ser algo pequeno, como erguer a sobrancelha ou acenar com a cabeça em discordância, ou então um movimento mais forte, como uma exclamação. O importante é que você sempre reaja. Isso é crucial em certas culturas, nas quais a passividade é interpretada como fraqueza.

Lembre-se de que a linguagem corporal pode ser mais importante do que as palavras.

6.6

Concorde plenamente com o que foi acordado

Você pode prejudicar um acordo alcançado a custo de muito esforço se algo em seus termos for interpretado da forma errada. Eis o segredo para garantir que um acordo sobreviva:

Já discutimos, no Segredo 6.2, que não há papel ou e-mail capaz de registrar 100% de um acordo. Mesmo assim, é importante confirmar o maior número possível dos itens discutidos para que não surja discordância quanto ao que eles significam. Eis algumas dicas sobre como fechar um acordo e fazer com que ele funcione para as duas partes:

1 É aconselhável usar palavras que expressem algumas das coisas difíceis de quantificar –"isso se baseia em nosso entendimento de que" ou "nossa expectativa é a de que, no fim deste acordo, estejamos em posição de aumentar o volume de nossas transações conjuntas".

---

2 Antes de encerrar a reunião, prepare um texto sucinto do acordo – algumas frases manuscritas ou um texto curto impresso com

Minuto de reflexão: Em todas as negociações de que participar, assuma a responsabilidade por redigir o acordo final. Faça isso de forma discreta, mas seja firme.

"Torne cada barganha clara e simples, para que ninguém possa se queixar depois."

Provérbio grego

a ajuda do laptop. Esse resumo aproxima as duas partes ao final da negociação e ajuda a evitar mal-entendidos posteriores.

3 Confirme o acordo por escrito, com o máximo possível de detalhes, em data posterior.

4 Garanta que, nos dois casos anteriores, você redija os documentos. Isso lhe confere o poder de utilizar os termos que mais lhe convenham e também permite que você mostre o rascunho a outras pessoas em sua empresa (para que elas verifiquem se não falta nada e se o documento não contém nada problemático). Se houve problemas, é melhor resolvê-los cedo do que tarde.

Não estou falando de modo algum que você deve tentar enganar a outra parte. Isso destruiria o acordo. O que estou sugerindo é um truque legítimo para manter o controle. É algo que fiz no final de todas as negociações de que participei nos últimos 20 anos. Aliás, é importante esclarecer que o fato de você ser o responsável por confirmar e redigir um acordo não anula a necessidade de a outra parte acatar o texto. Porém isso permitirá que você tenha mais confiança e o ajudará a conquistar os resultados que deseja.

Garanta que você será o responsável por redigir o texto do acordo nos termos que lhe convierem.

Capítulo 7

Juntando tudo isso

Este breve capítulo final tem como objetivo garantir que todos os elementos considerados ao longo do livro sejam combinados em uma abordagem integrada de negociação. Se isso acontecer, será possível remover qualquer obstáculo a um acordo. Os dois últimos segredos se concentram nas qualidades de que você necessita para ser um bom negociador. Também teremos um *checklist* que lhe permitirá descobrir as áreas em que precisa desenvolver suas capacidades de negociação.

7.1

Lidando com um mundo que está ficando menor

Hoje em dia, é cada vez mais provável que entremos em contato com pessoas cujas origens são muito diferentes das nossas. Isso tem implicações na maneira como negociamos. Podemos usar as comunicações modernas para chegar a um acordo, mas apenas se levarmos em conta as diferenças entre as culturas. Tratamos brevemente do fator cultura no Segredo 1.6 e agora vamos considerar de maneira mais ampla como lidar com as diferenças culturais em um mundo cada vez menor.

Todas as pessoas com quem você lida são indivíduos e estereotipá-las é perigoso. Por outro lado, o histórico comercial e cultural de alguém certamente influenciará seu comportamento, portanto é preciso considerar esse aspecto. Com a tecnologia moderna, as pessoas conseguem conduzir seus negócios de casa, de países diferentes e até da praia. Isso significa que é cada vez mais provável que você venha a fazer negócios com alguém de cultura diferente. Eis alguns aspectos a levar em consideração:

- **Mentiras.** O que é mentira para uma pessoa pode ser uma distorção aceitável da verdade para outra.
- **Fraqueza.** Ser aberto, demonstrar generosidade para com alguém ou fazer uma concessão será visto favoravelmente em alguns cenários, mas considerado fraqueza em outros. Observe e aprenda!

- **Propinas.** Aquilo que é considerado propina em certas partes do mundo é aceitável em outras. Muitas companhias multinacionais adotam normas claras quanto a isso e as veiculam abertamente. Garanta estar ciente dessas normas, caso elas se apliquem. Também se mantenha atento nas situações em que estiver negociando com alguém que espera que você contorne as normas.
- **Prazos.** Algumas pessoas consideram os acordos rápidos como sendo essenciais, mas outras os consideram inaceitáveis. Poucos negociadores japoneses reagirão bem se você tentar acelerar o processo.
- **Negociação remota.** Em algumas ocasiões, a localização dita a forma como você deve se comunicar, mas as preferências individuais podem ter influência sobre a parte da negociação que será conduzida via telefone e e-mail. É preciso ingressar no mundo do parceiro, saber o que o influencia e porque ele age de determinada maneira.
- ***Timing.*** Escolha o melhor momento para negociar. Pergunte-se qual seria a melhor hora de transmitir informações para alguém – antes da reunião, para que a pessoa possa refletir sobre os dados, ou mais perto do fim, para ajudar a alcançar um acordo?
- **Sobrecarga de informação.** O que é visto como informação demais por alguns, é informação de menos para outros. Com a internet, tornou-se possível enviar um volume imenso de informações antes ou depois das negociações. As diferenças podem ser simples preferências individuais, mas também podem ter motivações culturais. É preciso estabelecer julgamentos sensatos com base na leitura que você faz da outra parte.
- **Mudança de negociador.** É impossível se dar bem com todo mundo. Se a química entre você e a outra parte não for boa, seja corajoso o bastante para considerar se retirar do processo e permitir que um novo negociador tente conduzi-lo. Às vezes uma mudança desse tipo aumenta as chances de se chegar a um acordo.

Compreenda por que as pessoas se comportam de modos diferentes e aprenda com todas as experiências.

7.2

Lembre-se dos pontos essenciais

Este segredo é um lembrete dos aspectos essenciais da negociação, na mesma sequência em que foram expostos até aqui. Ele pode servir como guia de consulta rápida antes do início de uma negociação.

Cada capítulo deste livro tem muitos conselhos. Todos eles são importantes em diferentes momentos – afinal, se você não conseguir dominar um dado segredo, isso pode lhe causar o fracasso de sua negociação. Lembre-se de que uma corrente tem a força de seu elo mais fraco. Todavia, o que desejo fazer aqui é destacar as mensagens mais importantes. Mark McCormack (ver segredo 2.5) declarou que uma pessoa que vê tudo como sendo importante na verdade não acha nada importante. Alguns fatores são mais relevantes do que outros, mas chegará o momento em que um negociador competente conseguirá usar confortavelmente os 50 segredos revelados nesta obra. Para mim, as mensagens mais importantes são:

1 **Saiba quando negociar.** Negociar é a melhor alternativa para a situação à sua frente ou outra tática funcionaria melhor?

---

2 **Prepare objetivos claros.** Prepare seus objetivos, as variáveis de negociação e suas táticas. A base disso consiste em definir seus resultados desejáveis/prováveis/indesejáveis.

---

3 **Discuta as respectivas posições.** Coloque-se no lugar da outra parte. Seja a outra parte. Convença seu parceiro a acom-

"Uma corrente tem a força de seu elo mais fraco."

Provérbio tradicional

panhá-lo em uma troca livre de ideias. Ouça mais do que fala. Pergunte-se sempre "a que distância estamos um do outro" e "onde desejo que esse processo termine?"

4 **Negocie apenas em forma de pacotes.** Tenha cuidado com a técnica do salame – em outras palavras, não concorde com elementos diferentes um por um.

5 **Barganhe até alcançar o sucesso.** Use a palavra "se". Caso faça uma concessão, imponha uma condição. Pergunte-se "como superar essa distância?" E guarde uma ou duas variáveis na manga.

6 **Encontre terreno comum para chegar a um acordo.** Invente opções que gerem ganho mútuo. Reúna as questões em pacotes mais amplos.

7 **Agora junte tudo isso.** Revise seu desempenho e considere de que forma você poderia desenvolver as atitudes, as capacidades e os conhecimento que o farão um negociador ainda melhor.

Os aspectos acima se baseiam nos temas de nossos capítulos. Duas outras ideias em que você deveria se concentrar são a busca de soluções de vitória dupla (se deseja um relacionamento de longo prazo) e a definição clara dos papéis das equipes (tanto a sua quanto a do parceiro).

Veja a negociação como um sistema completo no qual todos os componentes precisam funcionar bem juntos.

7.3

Avalie suas qualidades como negociador

Se você recorrer a essa lista abrangente das qualidades necessárias a um negociador eficaz e combiná-la com o segredo final, vai aprender com cada negociação. Além disso, sua capacidade como negociador melhorará e os resultados de seus esforços gerarão melhores resultados.

Abordamos, no Segredo 4.8, a ideia de que as qualidades necessárias em qualquer situação podem ser divididas em atitude, capacitação e conhecimento (ACC). Tenha em mente que a sua atitude dita o seu comportamento e que, se assim quiser, poderá mudar de comportamento mais rápido do que muda de atitude (já que esta pode ter raízes mais profundas). Eis as qualidades (ou ferramentas) que você deve desenvolver se deseja alcançar o sucesso como negociador:

Atitudes (como se comportar)

- Seja cooperativo. Busque resultados de vitória dupla.
- Tenha empatia. Informe-se sobre os interesses da outra parte.
- Seja receptivo a novas ideias.
- Seja flexível em sua abordagem.
- Esteja preparado para aceitar pressão e enfrentar conflitos.
- Seja confiante – nem agressivo, nem submisso.
- Esteja preparado para conviver com dúvidas (e para criar certezas a partir delas).
- Seja paciente.

- Permaneça positivo e tenha o acordo como foco.
- Não permita que sua confiança o leve a desrespeitar os direitos da outra parte.
- Esteja motivado para o sucesso.
- Aceite riscos, mas de modo calculado e ponderado.
- Esteja preparado para aprender com toda negociação.

Capacidades (exiba-as)

- Planeje a negociação e organize sua agenda e suas atividades para conduzi-la bem.
- Use números e seja analítico.
- Ouça mais do que fala.
- Veja o quadro mais amplo e escolha estratégias adequadas a ele.
- Adote a combinação correta de perguntas abertas e fechadas.
- Convença os demais com suas comunicações.
- Negocie pacotes com base em juízos sólidos. Acompanhe as concessões feitas tendo por base seus objetivos desejáveis/prováveis/indesejáveis.
- Recolha informações sobre a outra parte e sobre a sua situação.
- Resolva problemas criativamente.

Conhecimento (garanta que está informado sobre o assunto)

- A outra parte e a organização dela.
- Os objetivos e as aspirações do parceiro.
- O mercado no qual ambos operam.
- Seus concorrentes.
- Seus produtos.
- Os limites de suas responsabilidades e das responsabilidades da outra parte.
- Quando resumir.
- Quando pedir uma pausa.

Essa lista de atitudes, capacidades e conhecimentos o ajudará a alcançar o sucesso como negociador.

7.4

Desenvolva-se como negociador

O segredo anterior identificou as qualidades necessárias para se negociar com sucesso. Este *checklist* lhe permitirá identificar seus pontos fortes e seus pontos fracos e também o ajudará a desenvolver um plano de modo a melhorar sua capacidade para a próxima negociação.

Use este mecanismo de revisão para avaliar seu desempenho. Talvez até convenha pedir que outra pessoa faça o mesmo, caso a negociação tenha sido conduzida em equipe. Conheça seus pontos fortes e os explore. Também esteja ciente das áreas que precisa desenvolver e busque sempre aprimorar suas capacidades. Avalie seu desempenho quanto a cada item com base na seguinte escala: 0 = péssimo (melhor que outra pessoa negocie em seu lugar); 2 = perigosamente fraco; 4 = em necessidade de atenção; 6 = ainda é preciso melhorar; 8 = bom; 10 = excelente.

Eis os itens sobre os quais você deve se avaliar:

1 Sua preparação

- Você identificou variáveis de negociação?
- Seus objetivos foram classificados por prioridade?
- Seus objetivos eram realistas?

---

2 Os objetivos a atingir

- Você fechou acordo dentro dos limites desejáveis/prováveis/indesejáveis?

- Por que fechou acordo em tais termos?
- O resultado foi vitória para as duas partes?

3 Seu controle do processo

- Você deveria ter usado outro processo ou negociar realmente era a melhor alternativa?
- Você se preparou, discutiu, barganhou, trocou pacotes e fechou acordo?
- Você apresentou resumos e pediu pausas quando necessário?
- Se negociou em equipe, os membros se mantiveram limitados a seus papéis?

4 Compreensão da outra parte

- Você compreendia a cultura da pessoa com quem negociou?
- Você conhecia a cultura de sua companhia?
- Você avaliou seus interesses e se colocou no lugar deles?
- Com que frequência criou opções para ganho mútuo?

5 Sua administração de pacotes

- Todas as suas propostas foram apresentadas como pacotes?
- Todos os pacotes foram considerados em sua plenitude?
- Você manteve controle das concessões, trocou concessões e avaliou o valor delas?

6 Seu desempenho quanto a essas qualidades essenciais

- Foco no acordo.
- Confiança.
- Ouvir a outra parte.
- Flexibilidade.
- Manter o equilíbrio correto entre perguntas fechadas e abertas.
- Criatividade.

Entre na próxima negociação ainda mais preparado do que na anterior.

Índice de jargões

ACC

Acrônimo para atitude, capacitação e conhecimento.

Barganhar

Oferecer concessões e negociar pacotes até que as duas partes se sintam em posição aceitável.

Empatia

Capacidade de se colocar no lugar de alguém e ver as coisas pelos olhos da outra parte.

Estratégia

A forma pela qual você planeja atingir seus objetivos. Usualmente se refere às coisas maiores que alguém pretende fazer, mas também pode ser aquilo que você planeja não fazer.

Estoques em consignação

Certo volume de produtos ou commodities mantido em estoque como reserva para momentos de escassez ou demanda excessiva.

MASA

Melhor Alternativa Sem Acordo. O melhor que você pode fazer se não conseguir chegar a um acordo.

Movimento

Mudanças de posição por parte dos parceiros de negociação ao fazerem concessões com o objetivo de chegarem mais perto de um acordo.

Mordiscada/Mordida

Demanda adicional apresentada por um parceiro de negociação no momento em que você julgava ter concluído um acordo.

Parceiro de negociação

A pessoa com quem você negocia. Às vezes chamado de "a outra parte" ou "o outro lado". Uso o termo "parceiro" na maior parte das situações de negócios porque quase sempre desejamos um relacionamento mais longo com a outra parte – ou seja, desejamos voltar a fazer negócios com ela. O parceiro pode ser uma pessoa ou uma equipe. (Livros mais antigos podem usar "oponente" no lugar de "parceiro", mas isso não é adequado para um relacionamento que se pretende contínuo.)

Pacote

Uma coleção de variáveis de negociação. Você barganha por meio de pacotes.

Pergunta aberta

Uma questão que começa por "o que", "onde", "quando", "como", etc., para obter informações do parceiro de negociação.

Pergunta fechada

Uma pergunta cuja resposta só pode ser "sim" ou "não".

PNL

Programação neurolinguística. Uma série de técnicas que ajudam as pessoas a se comunicarem de maneira mais eficaz e a superarem comportamentos que limitam seu desempenho.

Quadro de orientação

Um plano detalhado de seus objetivos e de suas variáveis. O quadro deve ser preparado antes do início de uma negociação.

Resultados

Aquilo que você deseja alcançar no fim; o desfecho. O termo poderia ser "objetivos", mas "resultados" é algo que você consegue visualizar.

Tática
Ação simples de executar que provém da combinação dos seus objetivos com um alto nível de estratégia.

Técnica do salame
Uma técnica que impede a negociação em forma de pacotes porque admite acordos sobre uma sucessão de itens individuais.

Variável de negociação
Qualquer aspecto da negociação (por exemplo, preço, quantidade, condições de pagamento) em relação ao qual é possível fazer ou receber concessões. Qualquer questão sobre a qual se possa negociar.

Vitória dupla
Uma situação na qual as duas partes tenham motivos para se sentirem satisfeitas com os resultados da negociação.